新视线韩国语听说教程

2

第2版

말하기 쉬운 한국어

韩国成均馆大学成均语学院韩国语教材编委会 编

崔顺姬　乔文 译

北京语言大学出版社
BEIJING LANGUAGE AND CULTURE
UNIVERSITY PRESS

社图号 23057

北京市版权局著作权合同登记图字 01-2022-5653 号

图书在版编目（CIP）数据

新视线韩国语听说教程 . 2/ 韩国成均馆大学成均语
学院韩国语教材编委会编；崔顺姬，乔文译 . —2 版
. —北京：北京语言大学出版社，2024.4
ISBN 978-7-5619-6281-7

Ⅰ . ①新… Ⅱ . ①韩… ②崔… ③乔… Ⅲ . ①朝鲜语
－听说教学－教材 Ⅳ . ① H559.4

中国国家版本馆 CIP 数据核字（2023）第 101895 号

新视线韩国语听说教程 2（第 2 版）

XIN SHIXIAN HANGUOYU TING-SHUO JIAOCHENG 2(DI 2 BAN)

排版制作：北京宏森哥特商贸有限公司

责任编辑：刘　茜

责任印制：周　燚

出版发行：北京语言大学出版社

社　　址：北京市海淀区学院路 15 号，100083

网　　址：www.blcup.com

电子信箱：service@blcup.com

电　　话：编辑部　　8610-82300087/0358/1019
　　　　　国内发行　8610-82303650/3591/3648
　　　　　北语书店　8610-82303653
　　　　　网购咨询　8610-82303908

印　　刷：天津嘉恒印务有限公司

版　　次：2008 年 6 月第 1 版
　　　　　2024 年 4 月第 2 版

印　　次：2024 年 4 月第 1 次印刷

印　　张：13.75

开　　本：787 毫米 × 1092 毫米　1/16

字　　数：206 千字

定　　价：69.00 元

序 言

　　近些年来，韩国语教育备受关注，它不仅为全球化贡献了自己的一份力量，同时也在质和量两方面都取得了令人瞩目的发展。在这样的环境中，我们成均语学院也在不断进步。为了使人们继续保持对韩国语教育的关注和热情，仍然需要社会各个领域的共同努力。我们不能满足于单纯追求量的扩大，而应努力使韩国语教育符合各类学习者的要求，努力提供有针对性的教育。

　　为了开展科学、实用的韩国语教育，成均语学院一直致力于研发能够切实满足韩国语学习者需要的教材。教材应该随着学习者学习需求与学习目的的转变而不断改进。与以往不同的是，目前韩国语学习者的水平参差不齐，每一个学习者的学习目标又相当具体。因此我们应积极调整教学内容与方式，以适应每个学习者的不同需求。

　　《新视线韩国语听说教程》是一套以会话为中心的听说教材，共分四册，每册分为两个教学阶段。本套教材的特色在于采取了以会话和活动为主的"学习者中心教学法"。目前，语言学习在全世界范围内都呈现出了以会话学习为中心、追求会话现场性和实用性的趋势。此外，教材的每一个单元主题都体现了针对性、趣味性和实用性，各板块的设置也会使教学过程更加趣味盎然。

　　本套教材的编写者主要由成均语学院的现任教师组成，每一位编者都是国语国文学专业出身，确保了教材的专业性；同时又都具有多年在国外一流大学从事韩国语教学的宝贵经历，积累了丰富的教学及教材研发经验。《新视线韩国语听说教程》是一套深受广大学习者喜爱、专业性很强的优秀教材。

　　真诚地希望本套教材能够为中国的韩国语学习者提高韩国语水平提供实质性的帮助。

　　最后，再次向在教材出版过程中给予我们无私帮助的成均语学院曹升铉室长和赵庸佑先生，以及付出艰辛劳动的成均馆大学出版社的各位工作人员表示感谢。

成均语学院院长　강용순（姜龙珣）

김동욱（金东煜）

使用说明

本教材以学习韩国语的外国人为对象，以会话为中心编撰而成，以期更有效地训练学习者的听说能力。全套共四册，本书是第二册。在编写时，考虑到学习者可能会遇到的情况，通过场景设计等方式，提高了教材内容的现场真实性，力求使学习者能够在相应的场景下独立完成对话。本教材的教学重点是发音、听力和会话。使用教材提供的材料反复训练、学习者之间进行互动训练以及利用补充材料进行强化训练，可以帮助学习者以多种方式主动参与，并逐步培养学习兴趣。

本册由20个单元构成，每个单元分为两部分，授课时间共计100学时。每个单元分为"导入""对话1""发音练习""活动1""对话2""听力练习"和"活动2"。

"导入"部分力求使学习者独立思考本单元即将学习的主题，做好学习前的准备，便于让学习者熟悉对话场景，并准备一些必要的知识。

"对话1"通过场景提示和相关图片，提供对话所需要的单词和表达方式，使学习者能够自由地进行对话。之后会给出特定场景对话，便于学习者对前面的训练结果进行确认和检验。

"发音练习"部分主要是反复进行语言中最基本、最核心的部分——发音和听说练习。以听、跟读、写等形式学习必要的语音知识，理解并掌握基本发音原理。

"活动1"对"对话1"的学习内容进行再次练习，以期能使学习者熟练掌握。同时，活动中提供的学习者之间以及学习者和教师之间的场景对话可以增强对话的实用性，强化学习效果。

"对话2"进一步深化单元主题，提供新的可能出现的场景，帮助学习者进行更加深入的学习。同时，该部分还插入了一些日常用语，力求使学习者的对话更加自然。

"听力练习"给出了与课文主题相关的各种对话，让学习者重温课文中所学的表达方式和单词、词组；并通过自然、地道的对话提高学习者的听力水平。

"活动2"和"活动1"一样，围绕"对话2"的学习内容进行深化。教材中每个单元均设置了两个以上的练习活动，可以使学习者在各种不同的情景下，练习和理解对话，掌握所学内容。

此外，教材最后还附上了听力文本和课文译文等参考资料，可供随时翻阅，便于学习者自学。

目 录

홍길동젼 권지단

화셜됴션국 세종됴시졀의 훈 ᄌᆡᆼ샹이 시ᄂᆡ셩은 홍이오 명은 희라 ᄃᆡᄃᆡ 명문거죡으로 쇼년등과 ᄒᆞ여 벼ᄉᆞᆯ이 니조판셔의 니르ᄆᆡ 물망이 됴야의 읏ᄃᆞᆷ이오 충효 겸젼ᄒᆞ매 일홈이 일국의 진동ᄒᆞ더 라 일즉 두 아ᄃᆞᆯ을 두어시니 일ᄌᆞ는 일홈이 인형이 니 뎡실 뉴시 ᄉᆞᆼᄒᆞᆷ이오 일ᄌᆞ는 일홈이 길동이니 시 비 춘셤의 소ᄉᆡᆼ이라 션시의 공이 길동을 나흘ᄯᆡ의 일몽을 어더 두니 문득 뇌졍벽녁이 진동ᄒᆞ며 쳥뇽이 슈염을 거ᄉᆞ리고 공의게 향ᄒᆞ여 다라들거ᄂᆞᆯ 놀나 ᄭᆡ다르니 일쟝 츈몽이라 심즁의 ᄃᆡ희ᄒᆞ여 ᄉᆞᆼᄌᆞᆨ 되니라 이졔 룡몽을 어더시니 반ᄃᆞ시 귀훈 ᄌᆞ식을 나흐 리라 ᄒᆞ고 ᄂᆡ당으로 드러가니 부인 뉴씨 니러 마ᄌᆞ거ᄂᆞᆯ 공이 흔연이 그 옥슈를 닛그러 졍이 친압 ᄒᆞ려ᄒᆞ니 부인이 졍쉭 왈

许筠（허균，1569—1618）小说《洪吉童传（홍길동전）》开头部分

말하기 쉬운 한국어

A3

新视线韩国语听说教程

教材构成

单元主题	功能	语法与表达	发音	听力	活动
1 명절 节日	• 了解各种节日 • 了解节日习俗	• -(으)려고 하다 • -마다 • -아/어서…… 려고 해요.	• ㅎ的脱落 （收音ㄴㅎ,ㄹㅎ）	• 春节习俗	• 表达意愿 • 了解中韩节日
2 예절 礼节	• 明确礼仪的重要性 • 初步了解韩国文化 及习俗	• -아야/어야/여 야 되다 • -에 대해(서)	• 紧音化（收音 ㄱ,ㄷ,ㅂ之后）	• 垃圾分类	• 了解公共场所礼仪 • 表达想了解某人或 某事物的意愿
3 선물 礼物	• 选择合适的礼物 • 推荐礼物	• -(으)니까 • 별로……안/못	• 紧音化（收音 "ㄹ"之后）	• 礼物	• 选择合适的礼物 • 推荐合适的物品
4 학교 생활 学校生活	• 了解在学校里可以 做什么	• -(으)면서 • -(으)면 …… -(으)ㄹ 수 있다/ 없다	• 辅音同化 （ㅇ+ㄹ）	• 休闲活动	• 讨论学校生活 • 讨论如何使用优惠券
5 영화 电影	• 选电影并买票 • 讨论电影和演员	• -(으)ㄴ/는 • -같이 • -군요	• 口盖音化	• 电影	• 买票 • 描述一个人
6 쇼핑 购物	• 购物 • 描述物品	• -기 전에 • -지요 • 말이다	• 辅音同化 （ㄷ+ㄴ）	• 购物	• 购物 • 描述物品
7 감기 感冒	• 描述症状 • 学习与医院、药店 相关的表述	• -기 시작하다 • -(으)ㄴ 후에 与症状相关的 表述	• -군요	• 韩国生活	• 就医
8 도서관 图书馆	• 在图书馆借书 • 借东西	• 빌리다 • 빌려 주다	• 硬音化（单词 内部）	• 借东西	• 租演出服 • 借东西及还东西

单元主题	功能	语法与表达	发音	听力	活动
9 은행 银行	● 在银行办理业务 ● 写申请	● -아/어 주다/ 드리다	● ㅎ的弱化 （单词内部）	● 银行业务	● 求助 ● 存钱与取钱
10 우체국 邮局	● 在邮局办理业务 ● 确认快递费用及 寄达时间	● 하는데-(으)려고 ● -나요? ● -(으)ㄴ가요?	● 辅音同化 （双收音ㅂㅅ+ ㄴ）	● 快递	● 寄快递并计算费用 ● 确认未收到的快递

韩国古代小说《沈清传（심청전）》开头部分

열녀 춘향 수절가라

숙종대왕 즉위 초에 성덕이 너부시사 성자
성손은 ㄴㄴ ㅎ사 금옥 갓은 순시절이요 의
관문물은 우탕의 버금이라 좌우 보필은 ㄴ
셕지신이오 용양호위난 건셩 지장이라 조졍의 워호
럼단 덕화힝곡의 펴여 잇고 사ㅎ리의 구ㄴ기 운온
군의 ㅎ여 국 충신은 만조졍 이오 회자 열여
ㄴ라마 디지여 우슌 풍죠 ㄴㄴ이 일ㄷ 곤 셴여ㅎ명
셜라 잇셕의 삼쳔 녹 ㅎ슌 이할 임이라 홍슌 방
본이 잇신 ㄷ ㄴ 도셔의 장명치 쥭ㄴ 의로 국가 충신 지후
여라일ㄷ을젼 ㄴ게 음셔 충회 누ㅇ을 ㄴ 올여 보시고
충회자로 퇵 출홍 산좌 복지 관의 임을을 ㅇ황 홍
실셔이 한 임으로 과 쳔ㅎㅎ 관의 쿰산 이사우수ㅎ비
홍남 원부 사ㅎ수 충신이ㄴ할 실 이사우수ㅎ비
공직홍 고직 시 쳐힝 ㅎ 여ㄴ ㅈ 워ㄴ 부의 도 셩ㅎㄴ
션치 민졍 츤 하사 ㅂㅇ의 일아 엄ㄱㅂ 셜넌 웅황후

韩国古代小说《春香传（춘향전）》开头部分

1 명절 节日

1. 언제 고향에 갑니까?

　　□명절　　　　□방학　　　　□크리스마스　　　　□가족의 결혼, 생일　　　　□기타

2. 고향에 어떻게 갑니까?

　　□ 　　　　　　　　□

　　□ 　　　　　　　　□

3. 명절에는 고향에서 무엇을 합니까?

1-1 기차표가 없어서 고속버스로 가려고 해요
没买到火车票，打算坐大巴

▷ 친구가 설날에 고향에 가려고 해요. 그 친구에게 고향에 어떻게 갈 것인지 물어보세요.

你的同学打算春节回家，请问一问他打算怎么回家。

	좋은 점	나쁜 점
기차	싸요	비싸요
비행기	빨리 갈 수 있어요	너무 늦어요
자동차	편해요	불편해요
고속버스	차가 안 막혀요	예매해야 해요
자전거	멀리 갈 수 있어요	차가 막혀요
		시간이 많이 걸려요
		멀리 못 가요

새해 복 많이 받으세요.
설날 잘 보내세요.
고향에 잘 다녀오세요.
즐거운 명절 되세요.

곧 설날입니다. 준서 씨와 미나 씨가 이야기를 합니다.

준서 미나 씨는 언제 고향에 가려고 해요?

미나 내일 아침 일찍 출발하려고 해요.

준서 표를 샀어요?

미나 네. 지난달에 인터넷으로 기차표를 예매했어요. 준서 씨는요?

준서 저는 기차표가 없어서 고속버스로 가려고 해요.

미나 가족하고 설날 잘 보내세요.

준서 네. 미나 씨도 고향에 잘 다녀오세요.

미나 새해 복 많이 받으세요.

준서 새해 복 많이 받으세요.

잘 들어 보세요 请听录音 A3·02

1. 잘 듣고 따라해 보세요. 听录音并跟读。

(1) 새해 복 많이 받으세요.

(2) 매운 음식이 싫어요.

(3) 담배를 끊으세요.

(4) 가: 한국 친구가 많아요?
　　나: 네. 한국 친구가 많아요.

> **"ㅎ"的脱落**
>
> 많아요 [마나요]
> 많으니까 [마느니까]
> 많이 [마니]
> 싫어요 [시러요]
> 싫으니까 [시르니까]
> 싫어 [시러]

2. 잘 듣고 써 보세요. 听录音并填空。

(1) 가: 지하철에 사람이 많아요?
　　나: 네. 지하철에 사람이 _____.

(2) 가: 매운 음식이 좋아요?
　　나: 아니요. 매운 음식은 _____.

함께 이야기해 보세요 一起说

▷ 그림에 있는 사람은 무엇을 하려고 해요? 친구에게 물어보세요.

请向同学提问，图中的人打算做什么？

가: 왜 한국에 왔습니까?
나: 한국어를 배우려고 왔습니다.

1-2 크리스마스마다 카드를 보내요
每年圣诞节都寄贺卡

A3-03

곧 크리스마스입니다. 준서 씨와 미나 씨가 이야기를 합니다.

미나 준서 씨는 매년 크리스마스에 카드를 보내세요?
준서 네. 크리스마스마다 카드를 보내요.
미나 올해도 카드를 보내려고 해요?
준서 아니요. 올해는 인터넷으로 카드 메일을 보내려고 해요.
미나 왜요?
준서 메일이 빠르고 편해서 카드 메일을 보내려고 해요.

▷ (1), (2), (3), (4)를 연결하고 친구와 이야기해 보세요.

请连接(1)、(2)、(3)、(4)并和同学一起讨论。

(1)	(2)	(3)	(4)
크리스마스	카드를 보내다	카드 메일을 보내다	메일이 편하다
생일	케이크를 만들다	케이크를 사다	시간이 없다
방학	여행을 가다	고향에 가다	사촌 결혼식이 있다
명절	고향에 가다	일본어를 배우다	일본 친구가 있다
	영어를 배우다	중국어를 배우다	중국 친구를 사귀고 싶다
			××을/를 해 보고 싶다

잘 들어 보세요 请听录音 🎧 A3-04

▷ 다음은 미나 씨와 준서 씨의 대화입니다.
　　下面是美娜和俊舒的对话。

1. 매년 한국의 설날에는 무엇을 합니까? 맞는 것을 모두 고르세요.
　　韩国如何过春节？请选出所有正确选项。

① 　　② 　　③

④ 　　⑤

2. 준서 씨는 왜 기차를 타려고 합니까? 俊舒为什么要坐火车？

　　① 값이 싸서 기차를 타려고 해요.

　　② 차가 막혀서 기차를 타려고 해요.

　　③ 차가 없어서 기차를 타려고 해요.

　　④ 기차역이 가까워서 기차를 타려고 해요.

3. 준서 씨의 고향은 서울에서 몇 시간쯤 걸립니까? 从首尔到俊舒家需要多长时间？

　　① 1시간쯤　　　　② 2시간쯤　　　　③ 3시간쯤　　　　④ 4시간쯤

함께 이야기해 보세요 一起说

▷ 명절에 무엇을 하는지 친구와 이야기해 보세요. 그리고 명절 인사도 배워 봅시다.

请和同学一起聊一聊如何过节，并一起学习节日问候语。

		친구 1	친구 2
나라	한국		
무슨 명절이에요?	설날		
언제예요?	1월 1일		
무슨 음식을 먹어요?	떡국		
무슨 옷을 입어요?	한복		
무슨 놀이를 해요?	윷놀이		
무엇을 해요?	세배를 해요		
인사말	새해 복 많이 받으세요		

▷ 다음은 리밍 씨의 지난 달 다이어리입니다. 나의 다이어리도 만들어 보세요. 그리고 친구와 같이 이야기해 보세요.

下面是李明上个月的日程表，请制作一个自己的日程表并和同学讨论。

2월	월요일	화요일	수요일	목요일	금요일	토요일	일요일
	1	2 태권도 배우기	3 아르바이트	4	5 집 청소	6 여자 친구	7 등산
	8 시험	9 태권도 배우기	10 아르바이트	11 명동쇼핑	12	13 여자 친구	14 등산
	15	16 태권도 배우기	17 아르바이트 ×	18	19 집 청소	20 여자 친구	21 등산 ×
	22 시험	23 태권도 배우기	24 아르바이트	25	26	27 여자 친구생일	28 등산(설악산)

1. 리밍 씨는 언제 태권도를 배웁니까?
2. 리밍 씨는 언제 등산을 합니까?
3. 21일에는 왜 등산을 하지 못했습니까?
4. 무슨 요일마다 아르바이트를 합니까?
5. 17일에는 왜 아르바이트를 하지 못했습니까?
6. 무슨 요일마다 여자친구를 만납니까?

나의 다이어리

×요일	×요일	×요일	×요일	×요일	×요일	×요일
1	2	3	4	5	6	7
8	9	10	11	12	13	14
15	16	17	18	19	20	21
22	23	24	25	26	27	28

2 예절 礼节

▷ 다른 사람과 같이 있는 곳입니다. 어떻게 해야 합니까?
在下面的公共场所应该怎么做?

식당에서

지하철에서

극장에서

교실에서

공부하다
왼쪽으로 다니다
조용히 식사하다
줄을 서다

▷ 한국 친구 집에 샤오징 씨가 놀러 갔습니다. 어떻게 해야 합니까? 그림을 보고 친구
와 이야기해 보세요.

小晶去韩国朋友家玩儿，她应该怎样做？请与同学看图讨论。

신발을 벗고 들어오다

신발을 신고 들어오다

숟가락과 젓가락으로 먹다

포크와 칼로 먹다

술을 한 손으로 따르다

술을 두 손으로 따르다

술을 따라 주다

술을 혼자 따르다

샤오징 씨가 준서 씨 집에 놀러 갔습니다.

샤오징 **안녕하세요, 준서 씨.**
준 서 **어서 오세요.**
　　　 신발을 벗고 들어오세요.
샤오징 **네. 알겠어요.**
준 서 **여기 앉으세요. 우리 같이 식사해요.**
샤오징 **와, 맛있겠네요. 준서 씨가 만들었어요?**
준 서 **네. 많이 드세요.**
　　　 그런데 한국에서는 그릇을 놓고 먹어야 돼요.
샤오징 **그래요?**
준 서 **그리고 술도 다른 사람이 따라 줘야 돼요.**
　　　 또 어른에게는 두 손으로 따라 드려야 돼요.

잘 들어 보세요 请听录音 A3-06

1. 잘 듣고 따라해 보세요. 听录音并跟读。

(1) 신발을 벗고 들어오세요.
(2) 숟가락으로 밥을 먹어요.
(3) 젓가락으로 먹기 힘들어요.
(4) 가: 한국어 공부가 많이 어려워요?
　　 나: 네. 듣기가 좀 어려워요.

2. 잘 듣고 써 보세요. 听录音并填空。

(1) 가: 많이 힘드세요? 포크 드릴까요?
　　 나: 네. _____으로 먹기가 힘들어요.
(2) 가: 신발을 벗어야 돼요?
　　 나: 네. 신발을 _____ 들어와야 해요.

收音 [ㄱ, ㄷ, ㅂ]+
ㄱ, ㄷ, ㅂ, ㅅ, ㅈ
→ㄲ, ㄸ, ㅃ, ㅆ, ㅉ

축구[축꾸] 듣고[듣꼬]
답장[답짱] 식당[식땅]
학생[학쌩] 덥고[덥꼬]
밥상[밥쌍] 같지만[갇찌만]
학교[학꾜] 극장[극짱]

함께 이야기해 보세요 一起说

▷ 여러 장소에 갔습니다. 그곳에서 해야 되는 것은 무엇입니까? 그곳에서 하면 안 되는 것은 무엇입니까?

在以下这些场合中，哪些是该做的，哪些是不该做的？

| 도서관 | 지하철 | 비행기 | 공원 | 영화관 |

	도서관	지하철	비행기	공원	영화관
해야 되는 것 ○	조용히 이야기해야 돼요				
하면 안 되는 것 ✕	큰 소리로 이야기하면 안 돼요				

<보기>
큰 소리로 이야기하다

<보기>
조용히 이야기하다

담배를 피우다　　걸어다니다　　　　뛰어다니다

큰 소리로 통화하다　쓰레기를 쓰레기통에 버리다

노약자석에 앉다　　휴대전화를 끄다

안전벨트를 매다　　휴대전화를 진동으로 하다

2-2 한국 문화에 대해 알고 싶어요
我想了解韩国文化

A3-07

지연 씨와 마사미 씨가 한국 생활에 대해 이야기합니다.

지 연　마사미 씨, 한국어를 잘하는데
　　　한국에 언제 오셨어요?

마사미　3개월 전에 왔어요.
　　　지금 성균관대학교에서 한국어를 배워요.

지 연　한국어 공부는 재미있어요?

마사미　네. 정말 재미있어요.
　　　한국어를 공부하니까 한국 문화에 대해 더 알고 싶어요.

지 연　그럼 박물관에 가 보세요. 박물관에 가면 한국 문화에 대해 더 알
　　　수 있어요.

마사미　그래요? 꼭 박물관에 가 볼게요.

알고 싶은 것

한국 문화
한국 음악
한국 사람들의 생활
한국 음식
한국의 유명한 곳

할 일

시장에 가서 구경하다
민속촌에 가다
태권도를 배우다
한국 전통 음악을 듣다
한국 사람과 술을 마시다
영화를 보다
한국 요리를 배우다
콘서트장에 가다
한국 친구 집에 가다

잘 들어 보세요 请听录音 🎧 A3-08

▷ 다음은 나오토 씨와 아주머니의 대화입니다.

下面是直仁和大婶的对话。

1. 다음 쓰레기는 어디에 버려야 됩니까? 下面这些垃圾应该扔到哪里?

2. 음식 쓰레기를 버리고 왜 뚜껑을 꼭 닫아야 합니까?

丢弃厨余垃圾时为什么要包装好?

① 보기 좋지 않으니까　　② 냄새가 나니까　　③ 사람들이 싫어하니까

함께 이야기해 보세요 一起说

▷ (   )에 대해서 알고 싶습니다. 무엇을 해야 합니까? 친구들에게 물어보세요.
가장 많이 나온 것은 무엇입니까?

如果想了解如下内容，应该怎么做？请问一问你的同学，看哪种回答出现得最多。

알고 싶은 것	한국	사람(친구)	
할 일			
1위			

영화를 보다
민속촌에 가다
동대문시장에 가다
요리를 먹다
여행을 하다
한국 사람과 이야기하다
술을 마시다
한국어를 배우다

함께 여행을 가다
같이 술을 마시다
그 사람의 친구를 만나다
취미를 묻다
집을 방문하다
좋아하는 음식을 묻다
함께 이야기를 하다
같이 영화를 보다

▷ 친구와 함께 이야기해 보세요. 请和同学一起讨论。

한국의 아름다운 **곳**에 대해서
많이 알고 싶어요. → 관광 지도를 보고
여행을 해 보세요.

지난달에 _____에
가 봤는데 아주 아름다웠어요. ← 한국에서 어디에 가 봤어요?
거기에서 뭘 먹었어요?
누구랑 같이 갔어요?

1. 아름다운 곳   -   여행을 하다
2. _____ - _____

_____씨, _____에 대해서
이야기해 주세요.

↓

① 취미나 특기
② 입학하기 전 생활
③ 고향의 유명한 것
④ 여자 (남자) 친구
⑤ _____

▷ 다음을 써 보고 발표해 봅시다. 完成下面的文章并展示。

저는 _____에 대해서 관심이 많아요.

저는 _____에 대해서 관심이 많습니다. 그래서 _____
_____
_____
_____
_____

3 선물 礼物

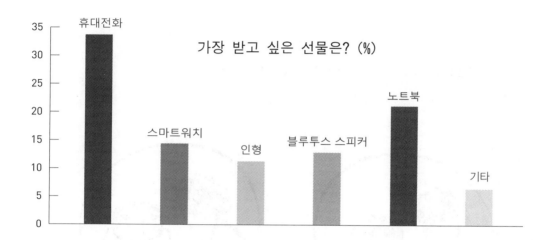

가장 받고 싶은 선물은? (%)

휴대전화
스마트워치
인형
블루투스 스피커
노트북
기타

1. 여러분은 언제 선물을 합니까?

2. 친구에게 무슨 선물을 많이 합니까?

3. 친구에게서 가장 받고 싶은 선물은 무엇입니까?

	××에게서 받은 선물	××에게 주고 싶은 선물	이유
생일			
크리스마스			
졸업식			
결혼식			
기념일			

▷ 친구의 생일입니다. 친구에게 무엇을 선물하면 좋을까요?

你朋友的生日到了，送给他什么好呢?

좋아하다
아주 좋아하다

싫어하다
좋아하지 않다
별로 좋아하지 않다

관심이 있다
관심이 많다

관심이 없다
관심이 적다

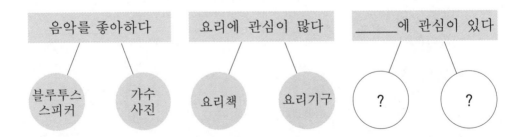

음악을 좋아하다 — 블루투스 스피커 / 가수 사진

요리에 관심이 많다 — 요리책 / 요리기구

____에 관심이 있다 — ? / ?

내일은 미나 씨의 생일입니다. 마이클 씨와 제니 씨가 생일 선물에 대해 이야기합니다.

제 니   내일 미나 씨 생일에 갈 거예요?

마이클   네. 초대를 받았는데 생일 선물로 뭘 사면 좋을까요?

제 니   생일이니까 케이크하고 꽃을 삽시다.

마이클   미나 씨는 꽃을 별로 좋아하지 않아요.

       다른 선물을 사는 게 어때요?

제 니   그럼 무슨 선물이 좋을까요?

       미나 씨는 무엇에 관심이 많아요?

마이클   미나 씨는 노래에 관심이 많으니까 블루투스 스피커를 선물합시다.

제 니   좋은 생각이에요. 그럼 백화점으로 갈까요?

 ## 잘 들어 보세요 请听录音 A3-10

1. 잘 듣고 따라해 보세요. 听录音并跟读。

  (1) 미나 씨 생일에 갈 거예요?

  (2) 12시에 점심을 먹을 거예요.

  (3) 오후에 숙제를 할 거예요.

  (4) 가: 언제 여행을 갈 거예요?

      나: 수요일에 여행을 갈 거예요.

> -(으)ㄹ 거예요
>
> 갈 거예요 [갈꺼예요]
>
> 먹을 거예요 [머글꺼예요]
>
> 할 거예요 [할꺼예요]

2. 잘 듣고 써 보세요. 听录音并填空。

  (1) 가: 방학에 무엇을 할 거예요?

      나: 영어를 _____.

  (2) 가: 미나 씨 생일 선물로 뭘 살 거예요?

      나: 생일 선물로 책을 _____.

함께 이야기해 보세요 一起说

▷ 사람들에게 어떤 선물을 하는 게 좋을까요? 다음에서 선물을 골라 보세요.
그 이유는 무엇입니까?

送什么礼物好呢？请挑选礼物并说一说为什么。

	나이	취미	이유	선물
사토	30세	운동	생일	
수지	26세	책 읽기	크리스마스	
미미	20세	영화 감상	성년식	
어머니	42세	여행	어버이날	
친구1				
친구2				
친구3				

구두　운동화　공연 티켓　향수　부츠　비행기표　꽃　엽서　티셔츠　립스틱　모자　원피스　목걸이　소설책　운동복　꽃바구니

3-2 이것도 한 번 입어 보세요
这件也试穿一下吧

A3-11

미나 씨와 마사미 씨가 옷 가게에 갔습니다.

미 나 이 티셔츠 어때요?

직 원 손님, 한 번 입어 보세요.

마사미 아주 예쁜데요.

직 원 이 모자도 써 보세요.

　　　그 티셔츠에 이 모자가 잘 어울려요.

미 나 그 모자는 아까 써 봤어요. 예쁜데 너무 비싸요.

(1)	(2)	(3)
티셔츠	입다	디자인이 멋있다
와이셔츠	매다	색깔이 예쁘다
넥타이	메다	잘 어울리다
바지	신다	
가방	쓰다	
구두	끼다	
모자		
장갑		
반지		
목걸이		
귀고리		

코트/스웨터/티셔츠/바지/치마/재킷/와이셔츠 – 입다

넥타이 – 매다

신발/운동화/구두/양말/스타킹 – 신다

장갑/반지 – 끼다

잘 들어 보세요 请听录音 🎧 A3-12

▷ 다음은 준서 씨와 샤오징 씨의 대화입니다.

下面是俊舒和小晶的对话。

1. 준서 씨는 작년 밸런타인데이에 초콜릿을 몇 개 받았습니까?

去年情人节时，俊舒收到多少块巧克力？

① 　　② 　　③

2. 다음 문장이 맞으면 '네', 틀리면 '아니요' 에 ✔해 보세요.

请根据录音内容判断正误。

　(1) 다음 주 목요일이 밸런타인데이입니다.

　　□네　　　　　□아니요

　(2) 작년 밸런타인데이에 준서 씨는 여자 친구에게서 초콜릿을 받았습니다.

　　□네　　　　　□ 아니요

　(3) 올해 밸런타인데이에 샤오징 씨는 초콜릿을 줄 사람이 없습니다.

　　□네　　　　　□아니요

함께 이야기해 보세요 一起说

1. 한국의 특별한 날과 선물에 대해서 알아보세요.

   请了解韩国独有的节日和在这些节日送的礼物。

5월	일요일	월요일	화요일	수요일	목요일	금요일	토요일
	1	2	3	4	5 어린이날	6	7
	8 어버이날	9	10	11	12	13	14
	15 스승의 날	16 성년의 날	17	18	19	20	21
	22	23	24	25	26	27	28
	29	30	31				

2. 중국의 특별한 날과 선물을 친구와 같이 이야기해 보세요.

   请和同学一起讨论中国特有的节日和在这些节日送的礼物。

	친구 1	친구 2
특별한 날은 언제예요?		
그날을 어떻게 보내요?		
무슨 선물을 해요? 왜요?		

4 학교 생활 学校生活

1. 학생증이 있습니까?

2. 언제 학생증이 필요합니까?

3. 학생증이 있으면 무엇을 할 수 있습니까?

정류장

셔틀버스 / 학교 버스

버스표 / 현금

매표소

학교 버스 정류장에서 마이클 씨와 지연 씨가 만났습니다.

지 연　마이클 씨, 버스표 샀어요?

마이클　아니요. 매표소를 못 찾아서 아직 표를 못 샀어요.
　　　　버스표가 없으면 학교 버스를 탈 수 없어요?

지 연　아니요. 탈 수 있지만 현금으로는 300원을
　　　　내야 돼요.

마이클　그래요? 그럼 50원을 더 내야 되네요.
　　　　지연 씨, 매표소가 어디에 있어요?

지 연　학교 버스 정류장 오른쪽에 있는데 못 보셨어요?

마이클　그래요? 잠깐만 기다려 주세요. 표 좀 사 올게요.

잘 들어 보세요 请听录音 A3-14

1. 잘 듣고 따라해 보세요. 听录音并跟读。

(1) 셔틀버스 정류장 오른쪽에 있어요.

(2) 종로 3가에서 친구하고 약속이 있어요.

(3) 이 책 좀 정리해 주십시오.

(4) 가: 죄송하지만, 다른 종류는 없어요?

　　나: 그럼 이건 어떻습니까?

> ㅇ+ㄹ → ㅇ+ㄴ
>
> 정류장 [정뉴장]
>
> 종로 [종노]
>
> 정리 [정니]

2. 잘 듣고 써 보세요. 听录音并填空。

(1) 가: 지금 시간 있으세요?

　　나: 미안해요. 약속이 있어서 _____에 가야 돼요.

(2) 가: 뭐해요? 빨리 나갑시다.

　　나: 잠깐만요, 이 서류를 _____ 해야 해요.

함께 이야기해 보세요 一起说

▷ 쿠폰을 받았습니다. 쿠폰을 어떻게 사용하겠습니까? 친구와 같이 이야기해 보세요.

你收到了优惠券，应该怎么用呢？请和同学一起讨论。

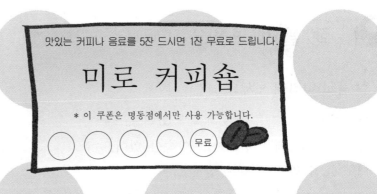

커피 한 잔 마실까요? 어디로 갈까요?

내일 데이트가 있는데요. 싸고 좋은 곳이 어디예요?

내일 저녁에 유학생 모임이 있는데, 어디에 가면 좋아요?

머리 모양을 바꾸고 싶은데, 어느 미용실이 좋아요?

▷ 친구와 같이 이야기해 보세요. 请和同学一起讨论。

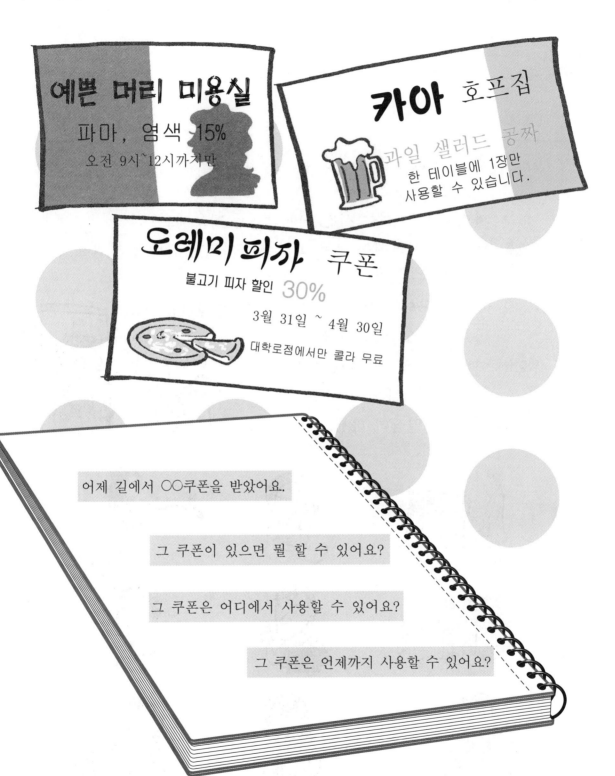

예쁜 머리 미용실
파마, 염색 15%
오전 9시~12시까지만

카아 호프집
과일 샐러드 공짜
한 테이블에 1장만
사용할 수 있습니다.

도레미 피자 쿠폰
불고기 피자 할인 30%
3월 31일 ~ 4월 30일
대학로점에서만 콜라 무료

어제 길에서 ○○쿠폰을 받았어요.

그 쿠폰이 있으면 뭘 할 수 있어요?

그 쿠폰은 어디에서 사용할 수 있어요?

그 쿠폰은 언제까지 사용할 수 있어요?

A3-15

쉬는 시간에 나오토 씨와 마이클 씨가 만났습니다.

나오토 마이클 씨는 쉬는 시간마다 담배를 피우세요?

마이클 네. 쉬는 시간에는 보통 화장실에 가거나 담배를 피워요.
　　　　나오토 씨는요?

나오토 저는 친구와 이야기하면서 커피를 한 잔 마셔요.
　　　　마이클 씨도 한 잔 마실래요?

마이클 아니요. 고맙지만 괜찮아요.
　　　　수업이 시작됐어요. 빨리 들어갑시다.

나오토 네. 공부 열심히 하세요. 또 봐요.

잘 들어 보세요 请听录音 A3-16

▷ 다음은 리밍 씨와 샤오징 씨의 대화입니다.

下面是李明和小晶的对话。

(1) 샤오징 씨는 주말에 무엇을 합니까? 小晶周末做什么?

①    ②    ③    ④

(2) 샤오징 씨는 한국 노래를 부를 수 있습니까? 小晶会唱韩国歌吗?

① 한국 노래를 부를 수 있다.　　　② 한국 노래를 부를 수 없다.

(3) 두 사람은 지금 어디에 가려고 합니까? 现在他们打算去哪儿?

①    ②    ③    ④

　노래방　　　　　도서관　　　　　커피숍　　　　콘서트 장

함께 이야기해 보세요 一起说

1. 다음 동작을 하면서 할 수 있는 것은 무엇입니까? 문장을 많이 만드는 팀이 이깁니다.

做下列动作的同时还可以做什么? 造句多的一组获胜。

〈보기〉 운전하면서 음악을 들을 수 있어요.

웃다	컴퓨터를 하다	이를 닦다	술을 마시다	피아노를 치다
운전하다	청소하다	화장을 하다	이야기하다	요리를 하다
책을 읽다	영화를 보다	숙제하다	걷다	노래를 하다
울다	자다	신문을 보다	전화하다	편지를 쓰다
세탁을 하다	옷을 입다	김밥을 먹다	사전을 보다	쇼핑을 하다
거울을 보다	음악을 듣다	커피를 마시다	기타를 치다	춤을 추다

2. 다음 그림을 보면서 이야기해 보세요. 看图说话。

 도서관 앞에서 다른 학생들은 무엇을 합니까? 그리고 '나'는 도서관 앞에 서 무엇을 하는지 말해 보세요.

在图书馆门前，其他学生在做什么？"我"正在图书馆前做什么？

도서관 앞에서 다른 학생들은 무엇을 합니까? 그리고 '나' 는 도서관 앞에서 무엇을 하는지 말해 보세요.

在图书馆门前，其他学生在做什么？"我"正在图书馆前做什么？

3. '-아/어서' 나 '-(으)면'을 사용해서 문장을 만들어 보세요.

请用 "-아/어서" 或 "-(으)면" 造句。

시간이 없다

여자(남자) 친구가 없다

운전면허가 있다

어렵다

바쁘다

다른 약속이 있다

아프다

돈이 없다

비가 오다

어려워서 숙제를 할 수 없어요.

운전면허가 있으면 운전을 할 수 있어요.

5 영화 电影

1. 영화나 공연을 보러 갑니까?

2. 어떤 영화나 공연을 좋아합니까?

3. 문화 상품권이 두 장 있습니다. 친구와 무엇을 보러 가고 싶습니까?

5-1 영화배우같이 멋있어요
像电影演员一样帅

영화 올드보이

장소 : 성균 극장

시간 : 14:00~16:00

₩ 7,000

뮤지컬 가면

장소 : 예술의 전당

시간 : 17:30~20:00

₩ 35,000

연극 로미오와 줄리엣

장소 : 대학로 소극장

시간 : 17:00~19:40

₩ 15,000

BOA 콘서트

장소 : 올림픽 운동장

시간 : 15:00~18:00

₩ 60,000

공연	영화관/극장	소극장/콘서트홀
연극	배우/주인공	R석/S석/A석/B석
뮤지컬	음악	초대석/일반석
콘서트	감독	앞좌석/가운데 좌석/뒷좌석
연주회	영화제	연인(커플)석
오페라		

준서 씨와 마사미 씨가 영화를 보고 이야기를 합니다.

준 서 마사미 씨, 아까 본 영화가 어땠어요?

마사미 글쎄요. 자막이 없어서 좀 이해하기 어려웠어요.

준 서 그 영화는 영화제에서 상을 받은
유명한 영화예요.

마사미 그래요? 아까 그 키 큰 남자 배우
이름이 뭐예요?

준 서 남자 주인공요? 유민우예요. 멋있지요?

마사미 네. 준서 씨도 오늘 그 영화배우같이 멋있어요.

준 서 하하. 고마워요. 제가 맛있는 저녁을 살게요.

🎧 잘 들어 보세요 请听录音 🎧 A3-18

1. 잘 듣고 따라해 보세요. 听录音并跟读。

(1) 영화배우같이 멋있어요.
(2) 한국 사람같이 한국말을 잘해요.
(3) 끝이 너무 슬펐어요.
(4) 가: 아까 본 영화가 어땠어요?
　　나: 끝이 조금 무서웠어요.

> ㅌ+이 → 치
> 같이[가치], 끝이[끄치],
> 꽃밭이[꼬빠치/꼳빠치]
>
> ㄷ+이 → 지
> 굳이[구지], 맏이[마지], 곧이[고지]
>
> (ㄷ+ㅎ)+이 → 치
> 닫힌[다친], 걷힌[거친],
> 묻힌[무친]

2. 잘 듣고 써 보세요. 听录音并填空。

(1) 가: 어제 만난 사람이 어땠어요?
　　나: ＿＿＿＿＿＿＿＿＿＿ 키가 컸어요.
(2) 가: 수영 씨는 노래를 잘해요?
　　나: 그럼요. 노래를 ＿＿＿＿＿＿＿＿ 잘해요.

함께 이야기해 보세요 一起说

▷ 우리 반 친구들을 소개해 봅시다. 어떤 친구입니까?

请介绍一下班里的同学，他们都是怎样的人？

＿＿＿＿＿＿＿＿ 씨는 　　　　　　 같이 ＿＿＿＿＿＿ (으)ㄴ/는 친구예요.

멋있다
예쁘다
착하다
귀엽다
날씬하다
똑똑하다
무섭다
키가 크다

인형, 천사, 천재, 호랑이, 농구 선수, 모델, 요리사, 가수

A3-19

준서 씨, 샤오징 씨, 미나 씨가 영화에 대해 이야기를 합니다.

준 서　샤오징 씨는 어떤 배우를 좋아하세요?

샤오징　저는 장동근처럼 멋있는 배우를 좋아해요.
　　　　그래서 어제 장동근이 나오는 영화를 봤어요.

미 나　아, 저도 잡지에서 그 영화에 대한 기사를 봤어요.
　　　　그 영화는 유명한 감독이 만든 영화예요.

샤오징　그렇군요. 아주 감동적인 영화였어요.
　　　　저하고 같이 본 친구도 많이 울었어요.

미 나　저도 빨리 보고 싶어요.

준 서　좋은 영화가 나오면 다음에 같이 보러 갈까요?

샤오징, 미나　좋아요.

어느 배우가 나와요?	그 배우는 어때요?	그 영화가 어땠어요?
장동근 전지연 최민석 차태연	멋있다 예쁘다 귀엽다 연기를 잘하다 재미있다	감동적이다 - 울다 웃기다/재미있다 - 웃다 슬프다 - 울다 무섭다 - 소리를 지르다

잘 들어 보세요 请听录音 🎧 A3-20

▷ 다음은 나오토 씨와 샤오징 씨의 대화입니다.

下面是直仁和小晶的对话。

(1) 두 사람은 몇 시 영화를 보려고 합니까? 他们想看几点的电影?

① 5시   ② 5시 20분   ③ 7시 20분   ④ 7시 50분

(2) 이 영화는 어떤 영화입니까? 这是一部什么样的电影?

① 무서운 영화   ② 액션 영화   ③ 코미디 영화   ④ 슬픈 영화

(3) 영화를 보기 전에 무엇을 하려고 합니까? 看电影之前他们打算做什么?

①    ②    ③

(4) 직원이 무엇이 있는지 물어봤습니까? 工作人员在询问什么?

① 할인 카드   ② 신용 카드   ③ 전화 카드   ④ 회원 카드

함께 이야기해 보세요 —起说

▷ 영화 시간표를 보면서 영화표를 사고, 영화를 보면서 먹을 것도 사 보세요.

请根据下列时间表购买电影票，同时买看电影时吃的东西。

여름의 추억
(공포)

만 18세 이상

엄마를 찾아서
(애니메이션)

전체 관람가

터미네이터
(액션)

만 15세 이상

어린 신부
(코미디)

만 12세 이상

조조 : 9:30	조조 : 10:00	조조 : 10:00	조조 : 10:30
1회 : 11:30	1회 : 12:00	1회 : 12:05	1회 : 12:40
2회 : 13:30	2회 : 14:10	2회 : 14:10	2회 : 14:50
3회 : 15:30 [매진]	3회 : 16:20	3회 : 16:15	3회 : 17:00
4회 : 17:30 [매진]	4회 : 18:30	4회 : 18:20 [매진]	4회 : 19:10
5회 : 19:30 [매진]	5회 : 20:40	5회 : 20:25 [매진]	5회 : 21:20
6회 : 21:30		6회 : 22:30	6회 : 23:30
7회 : 23:30		7회 : 24:35	

콜라(S)+팝콘(S)=4,400원

콜라(M)2+팝콘(L)=6,700원

콜라(L)+팝콘(L)=6,200원

극장 직원　　매점 직원　　나 + 친구

6 쇼핑 购物

1. 쇼핑을 자주 합니까?

2. 보통 물건을 어디에서 삽니까?

3. 물건을 사기 전에 무엇을 합니까?

▷ 어떤 일을 하기 전에 무엇을 해야 합니까?

在做某件事之前应该做什么?

설명서를 읽다
옷을 입어 보다
필요한 것을 적다

물건을 사다
스마트워치를 사용하다
옷을 사다

미나 씨가 스마트 밴드를 사러 갔습니다.

미나 이 스마트밴드 한 번 보여 주세요.

직원 이 것 말입니까?

미나 네. 얼마예요?

직원 이 제품은 24만 원입니다. 한 번 보세요.

미나 네. 그런데 스포츠 데이터를 분석하고 싶으면 어떻게 해야 돼요?

직원 이걸 누르시면 됩니다.

미나 간단하고 좋네요. 이걸로 주세요.

직원 알겠습니다. 자세한 내용은 사용하기 전에 설명서를 잘 읽어 보세요.

잘 들어 보세요 请听录音 A3-22

1. 잘 듣고 따라해 보세요. 听录音并跟读。

   (1) 전에 봤는데 다시 한 번 보여 주세요.

   (2) 학교에 갔는데 친구가 없었어요.

   (3) 동생은 집에 있는데요.

   (4) 가: 지금 뭐 하세요?

      나: 문을 닫는데요.

ㄷ, ㅌ, ㅅ, ㅆ, ㅈ,
ㅊ, ㅎ + ㄴ → ㄴ + ㄴ

봤는데 [봗는데→봔는데]
갔는데 [갇는데→간는데]
닫는데요 [단는데요]

2. 잘 듣고 써 보세요. 听录音并填空。

   (1) 가: 그 영화를 봤어요?

      나: 네. ＿＿＿＿＿＿＿＿ 재미있었어요.

   (2) 가: 미나 씨 어디에 갔어요?

      나: 학교에 ＿＿＿＿＿＿＿＿＿＿＿ .

함께 이야기해 보세요 一起说

▷ 다음 물건을 어디에서 사면 좋을까요? 사기 전에 무엇을 합니까?

下列物品应该在哪儿买? 购买之前应该注意什么?

바지
속옷
김치
과자
침대
카메라
시계
책
컴퓨터

시장
백화점
편의점
할인매장
슈퍼마켓
인터넷 쇼핑몰

물건을 사기 전에 하는 일은?

• 쇼핑할 물건을 메모해 본다. ☐

• 값을 비교해 본다. ☐

• 할인 쿠폰이나 할인이 되는 카드를 가지고 간다. ☐

6-2 까만색 옆에 있는 하얀색 말이에요
我说的是黑色旁边那个白色的

A3-23

리밍 씨가 휴대전화를 사러 갔습니다.

리밍 　저, 이 휴대전화는 얼마예요?
직원 　까만색 말이에요?
리밍 　아니요, 까만색 옆에 있는 하얀색 말이에요.
　　　멋있는데 얼마예요?
직원 　이건 49만 원이에요.
　　　이번 달에 나온 신상품이에요.
리밍 　네? 49만 원이나 해요?
직원 　네. 이 휴대전화는 접을 수 있어서 좀 비싸요.

노트북　　　220만 원　크고 가볍다.

스마트워치　38만 원　건강상태를 모니터링한다.

카메라　　　57만 원　신상품이다.

잘 들어 보세요 请听录音 A3-24

▷ 다음은 백화점 안내 방송입니다. 下面是购物中心播放的寻人启事。

(1) 잃어버린 아이를 찾고 있습니다. 누구입니까? 哪一个是走失的孩子?

①   ②   ③   ④

(2) 아이를 찾으면 어디로 데리고 가야 합니까? 找到孩子后, 带她到哪里?

① 5층 에스컬레이터 앞   ② 1층 엘리베이터 앞

③ 백화점 정문 앞   ④ 5층 아동복 매장 앞

사람을 찾습니다.

도서관에서 지갑을 잃어버렸습니다.

찾으신 분은
011-243-6655로
연락해 주십시오.

함께 이야기해 보세요 一起说

1. 우리 반 학생들입니다. 누구인지 말해 보세요. 请描述一下班里的同学。

질문1 안경을 썼지요?

대답1 네. 안경을 썼어요.

질문2 머리가 길지요?

대답2 네. 머리가 길어요.

———————

정답 유미 씨지요?

네. 유미 씨예요. 맞았어요!

2. 그림을 보면서 친구와 이야기를 만들어 보세요.

看图并与同学一起练习对话。

2시간

가 _____ 씨는 지금 어디에서 살아요?

나 저는 인천에서 살고 있어요.

가 바다 근처 인천 말이에요?

나 네. 매일 학교까지 버스로 2시간쯤 걸려요.

가 2시간이나 걸려요? 힘들겠네요.

나 그래서 학교에서 가까운 곳으로 빨리 이사하고 싶어요.

(1) 여행하고 싶은 곳에 대해서

• 제주도

• 남쪽에 있는 큰 섬

• 2박 3일 동안 30만 원쯤 든다

(2) 어제 마신 술에 대해서

• 막걸리

• 우유처럼 하얀 술

• 10잔쯤 마셨다

7 감기 感冒

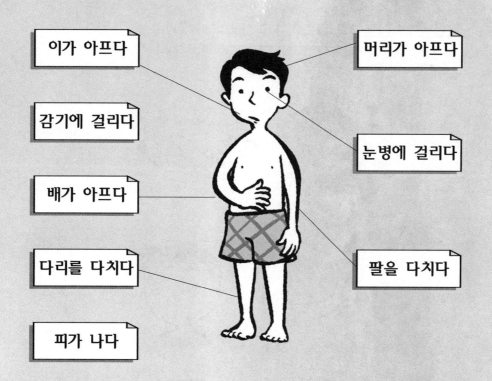

이가 아프다

감기에 걸리다

배가 아프다

다리를 다치다

피가 나다

머리가 아프다

눈병에 걸리다

팔을 다치다

1. 어디가 아팠습니까?

2. 중국에는 어떤 병이 많습니까?

3. 여러분은 어디가 아파서 병원에 자주 갑니까?

7-1 언제부터 열이 나기 시작했어요?
从什么时候开始发烧的？

▷ 어디가 아픕니까? 언제부터 아프기 시작했습니까?

你哪里不舒服？从什么时候开始的？

기침이 나다

피가 나다

피부가 가렵다

눈이 충혈되다

소화가 안 되다

머리가 아프다

열이 나다

잇몸이 붓다

준서 씨가 아파서 치과에 갔습니다.

준서 **안녕하세요?**

의사 **어떻게 오셨어요?**

준서 **이가 아파서요.**

의사 **좀 볼까요? '아' 해 보세요.**

언제부터 붓기 시작하셨어요?

준서 **어제 저녁부터 붓기 시작했어요.**

의사 **잇몸이 좀 좋지 않군요.**

준서 **그래요?**

의사 **심하지 않으니까 약을 이틀 정도 드시면 좋아지실 겁니다.**

 잘 들어 보세요 请听录音 A3-26

1. 잘 듣고 따라해 보세요. 听录音并跟读。

(1) 오늘은 날씨가 덥군요.

(2) 값이 비싸군요.

(3) 발음이 좋군요.

(4) 가: 이 노래 어때요?

나: 가수가 노래를 참 잘하는군요.

> "-군요"的发音
>
> 비싸군요 [비싸구뇨] (√)
>
> [비싸군뇨] (√)
>
> 덥군요 [덥꾸뇨] (√)
>
> [덥꾼뇨] (√)

2. 잘 듣고 써 보세요. 听录音并填空。

(1) 가: 김치가 아주 맛있어요.

나: 매운 음식을 아주 _____.

(2) 가: 이것이 준수 씨가 그린 그림이에요.

나: 준수 씨가 노래도 잘하고 그림도 잘 _____.

함께 이야기해 보세요 —起说

▷ 어디가 어떻게 아픕니까? 어느 병원에 가야 합니까?

你哪里不舒服？应该去哪家医院？

▷ 친구들에게 물어보세요.

请向同学提问。

1. 감기에 걸린 적이 있습니까?
2. 언제 걸렸습니까?
3. 얼마나 자주 감기에 걸립니까?
4. 감기에 걸리면 어떻게 합니까? 무엇을 먹습니까?
5. 아프면 어떤 병원에 가야 합니까?

| 내과 한의원 신경외과 | 소아과 안과 정형외과 산부인과 | 피부과 이비인후과 성형외과 |

	병	처방	병원
윌슨	불면증	따뜻한 우유를 마신다	내과

7-2 식사하신 후에 약을 드세요
请饭后服药

A3-27

준서 씨가 약국에 갔습니다.

준서   여기 처방전 있습니다.
약사   네. 잠시만 기다리세요.
        김준서 씨, 감기가 심하니까
        약을 하루 세 번 꼭 드세요.
준서   약을 어떻게 먹어야 하나요?
약사   식사하신 후에 약을 드세요. 30분 후가 좋아요.
준서   네. 알겠습니다.

▷ 다음 그림을 보고 대화를 해 보세요. 看图练习对话。

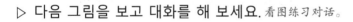

(1)

(2)

(3)

(4)

전	후	
연고를 바르다	앉아서 기다리다	의료보험증
접수하다	밴드를 붙이다	처방전
진료를 받다	약을 받다	
처방전을 내다	주사를 맞다	

잘 들어 보세요 请听录音 A3-28

▷ 다음은 마이클 씨의 이야기입니다.
下面是迈克的话。

(1) 마이클 씨는 언제 한국에 왔습니까? 迈克是什么时候来韩国的?

① 6개월 전　　　　　② 1년 전　　　　　③ 6년 전

(2) 마이클 씨는 왜 한국에 왔습니까? 迈克为什么来韩国?

① 한국 회사에 다니려고

② 한국어를 배우려고

③ 사진을 찍으려고

④ 한국을 여행하려고

(3) 마이클 씨는 언제부터 한국어를 배우기 시작했습니까?

迈克是从什么时候开始学韩国语的?

① 6개월 전　　　② 1년 전　　　③ 6년 전

(4) 마이클 씨는 주말에 무엇을 합니까? 迈克周末做什么?

① 회사에서 일해요　　　　② 한국어를 배워요

③ 사진을 찍어요　　　　　④ 영화관에 가요

(5) 마이클 씨는 누구에게 사진 찍는 것을 가르쳐 줍니까? 迈克教谁摄影?

① 학교 친구　　② 회사 동료　　③ 고향 친구　　④ 학생

함께 이야기해 보세요 一起说

1. 다음 그림을 순서에 맞게 연결해서 말해 보세요.

请按顺序排列下列图片并看图说话。

○ → ○ → ○ → ○ → ○

2. 친구와 함께 의사와 환자가 되어서 표를 완성해 보세요.

请与同学分别扮演医生和患者，完成下表。

증상	아픈 이유	진료과	처방
콧물이 난다	스키장에 갔다 왔다	내과	주사를 맞고 약을 받다
다리가 부러졌다			깁스를 하다
이가 아프다	사탕을 먹었다		
잠이 안 온다	남자 친구와 헤어졌다		
	수영장에 갔다 왔다		
소화가 안 된다			
손에서 피가 난다		외과	약을 바르다
아이가 열이 난다		소아과	

8 도서관 图书馆

1. 위의 사람들은 무엇이 필요합니까?

2. 필요한 것이 있으면 어떻게 합니까?

3. 필요한 것을 빌리려고 합니다. 무엇이 필요합니까?

8-1 이 책을 빌려 주세요
请借我这本书

▷ 물건을 빌리려고 합니다. 어디에 가야 합니까? 어떻게 말해야 합니까?

如果想借东西，应该去哪儿？怎么说？

-을/를 빌려 주세요.

-에서/에게 -을/를 빌렸어요.

얼마 동안 빌릴 수 있어요?

-에 얼마예요?

-까지 반납해 주세요.

-까지 갖다 주세요.

신분증

학생증

연락처

마이클 씨가 책을 빌리러 도서관에 갔습니다.

직 원 무엇을 도와 드릴까요?

마이클 이 책을 빌려 주세요.

직 원 전에 책을 빌리신 적이 있습니까?

마이클 아닙니다. 처음입니다.

직 원 그러면 도서관 이용 카드를 써 주셔야 합니다.

마이클 네. 알겠습니다.

직 원 신분증도 보여 주세요.

마이클 네. 여기 있습니다.

 ## 잘 들어 보세요 请听录音 A3-30

1. 잘 듣고 따라해 보세요. 听录音并跟读。

   (1) 신분증을 보여 주세요.
   (2) 운전면허증이 필요합니다.
   (3) 외국인등록증을 가지고 오세요.
   (4) 가: 도서관에서는 무엇이 필요해요?
       나: 학생증이 필요합니다.

> **硬音化（单词内部）**
> 신분증 [신분쯩]
> 학생증 [학쌩쯩]
> 면허증 [면허쯩]
> ※영수증 [영수증]

2. 잘 듣고 써 보세요. 听录音并填空。

   (1) 가: 책을 빌려 주세요.
       나: ＿＿＿＿＿＿＿＿＿을 보여 주세요.
   (2) 가: 비자 연장에 무엇이 필요합니까?
       나: ＿＿＿＿＿＿＿＿＿＿이 필요합니다.

함께 이야기해 보세요 ―起说

▷ 공연복 대여점 갔습니다. 다음 주 공연 때 필요할 옷을 빌려 보세요.

你去了演出服租赁店，想租下周演出用的衣服。

	한복	예복	중국 전통 복장
하루 대여료	5,000원	5,500원	5,000원
보증금	20,000원	20,000원	20,000원
연체료	5,000원	5,000원	5,000원

전통한복
가례복
곤룡포
왕비복

이브닝드레스
파티 드레스
학객룩

한나라
당나라
송나라
명나라

8-2 제가 빌려 드릴게요
我借给你

길에서 미나 씨와 마사미 씨가 만났습니다.

미 나	지금 어디 가세요?
마사미	책을 빌리러 도서관에 가요.
미 나	무슨 책을 빌릴 거예요?
마사미	한국 역사에 대해 알고 싶어서 책을 빌리러 가요.
미 나	저에게 좋은 역사책이 있으니까 빌려 드릴게요.
마사미	그래요? 고마워요.

한복 만화책 자동차 카메라 사전	한복 가게 렌터카 회사 도서관 친구	한국어를 공부하고 싶다 주말에 심심하다 한복을 입다 여행을 가다 아름다운 경치를 찍다

잘 들어 보세요 请听录音

1. 철수 씨와 안나 씨가 퇴근을 합니다. 맞는 것에 ✓ 해 보세요. 🎧 A3-32

   哲洙和安娜要下班了。请选择正确的答案。

   안나 씨가 철수 씨한테 (   )을/를 빌려 주었어요.

2. 다음은 철수 씨와 안나 씨의 대화입니다. 下面是哲洙和安娜的对话。 🎧 A3-33

   (1) 맞는 것에 ✓ 해 보세요. 请选择正确的答案。

   철수 씨가 안나 씨에게 (   )을/를 빌려 줄 거예요.

   (2) 안나 씨는 한국 생활이 왜 힘듭니까? 安娜为什么难以适应韩国生活？

   ① 음식이 입에 맞지 않아서   ② 회사 일이 어려워서

   ③ 한국말 발음이 어려워서   ④ 여행을 싫어해서

함께 이야기해 보세요 一起说

▷ 저는 책을 아주 좋아합니다. 그래서 친구에게 책을 빌리려고 합니다.
어떻게 말할까요?

“我”很喜欢看书，所以打算向朋友借书，应该怎么说呢?

학생 1
(   )에게 / (   )에서 물건을 빌려 보세요.
다른 물건도 더 빌려 보세요.

练习借给某人东西或向某人借东西，并练习借其他的东西。

-을/를 빌려 주세요.

-을/를 빌릴 수 있습니까?

-까지 돌려줄게요.

-까지 반납할게요.

-까지 갖다 줄게요.

빌린 물건			
빌려 준 사람			
빌린 이유			
돌려 줄 시간			

책을 좋아하는 친구에게 책을 빌려 주려고 합니다. 어떤 책을 빌려 줄 건가요?
언제 다시 받을 건가요? 다른 사람에게도 물건을 더 빌려 주세요.

你把书借给喜欢看书的朋友，朋友想借什么样的书？计划什么时候还？请练习向他人出借东西。

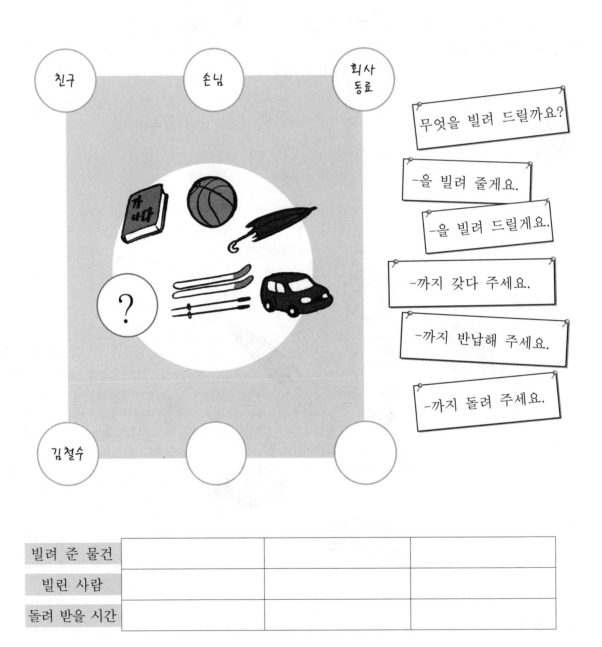

빌려 준 물건			
빌린 사람			
돌려 받을 시간			

9 은행 银行

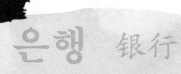

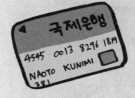

1. 은행에 가봤습니까?

2. 통장이나 카드를 만들어 보았습니까?

3. 언제 처음 만들어 보았습니까?

4. 통장이나 카드를 만들려고 합니다. 어떻게 해야 합니까?

9-1 도와 주시면 좋겠어요
您要是能帮忙就好了

▷ 은행에서 통장이나 카드를 만들려고 합니다. 발급 신청서를 써야 하는데 어렵습니다. 어떻게 해야 할까요?

你想在银行办一张存折或银行卡，但觉得填写申请表有些困难，应该怎么办呢？

통장 발급 신청서

이름 _____ 인

주민등록번호 _____

주소 _____

전화번호 _____

비밀번호 _____

카드 발급 신청서

이름 _____ 서명

주민등록번호 _____

주소 _____

전화번호 _____

계좌번호 _____

카드 비밀번호 _____

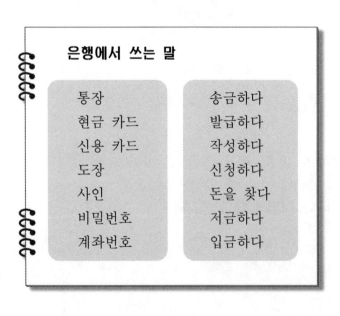

은행에서 쓰는 말

통장	송금하다
현금 카드	발급하다
신용 카드	작성하다
도장	신청하다
사인	돈을 찾다
비밀번호	저금하다
계좌번호	입금하다

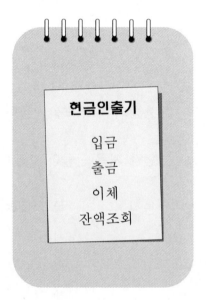

현금인출기

입금

출금

이체

잔액조회

나오토 씨가 은행에 갔습니다.

직 원 어서 오세요. 뭘 도와 드릴까요?

나오토 이 은행 통장을 만들고 싶은데요.

직 원 그러면 신청서를 써 주셔야 해요.

나오토 제가 외국인이어서 너무 어려워요.
도와 주시면 좋겠어요.

직 원 신분증을 주시면 제가 써 드릴게요.

나오토 네. 알겠습니다.

잘 들어 보세요 请听录音 A3-35

1. 잘 듣고 따라해 보세요. 听录音并跟读。

(1) 은행에 가요.

(2) 전화번호가 뭐예요?

(3) 말이 너무 빠르니까 천천히 말해 주세요.

(4) 가: 어디에 가세요?

　　나: 은행에 갑니다.

> ㅎ的弱化（单词内部）
>
> 은행 [은행]/[으냉]
>
> 전화번호 [전화번호]/[저놔버노]
>
> 천천히 [천천히] / [천처니]

2. 잘 듣고 써 보세요. 听录音并填空。

(1) 가: 지금 제 말을 이해하시겠어요?

　　나: 아니요. 다시 한 번 _____ 말씀해 주세요.

(2) 가: 전화번호를 알려 주세요.

　　나: 제 _____는 760-1334예요.

함께 이야기해 보세요 一起说

▷ 그림을 보고 필요한 것을 친구와 이야기해 보세요.

看图并和同学讨论下列图片中的人需要哪些帮助。

깎다	→ 깎아 주세요	→ 깎아 주시면 좋겠어요
돕다	→	→
가르치다	→	→
번역하다	→	→

9-2 통장을 만들려고 하는데요
我想办一张存折

A3-36

제니 씨가 은행에 갔습니다.

직원　어서 오십시오.

제니　통장을 만들려고 하는데요.

직원　네. 통장을 만드시려면 신분증이 필요합니다.

제니　그래요? 지금 신분증이 없는데요.

직원　손님, 죄송하지만, 신분증이 없으면 통장을 만드실 수 없습니다.

제니　네. 그러면 조금 후에 신분증을 가져 올게요.

▷ ㉮를 말할 때에 필요한 것을 ㉯에서 찾으세요.
　请在说出㉮的时候，从㉯中找出所需的东西。

㉮

송금을 하다

저금을 하다

돈을 찾다

카드 분실신고를 하다

전기요금을 내다

㉯

계좌번호
444-111234-02-002

비밀번호　9423
이름　제니

연락처　635-8756

잘 들어 보세요 请听录音 🎧 A3-37

▷ 안나 씨가 은행에 갔습니다.

安娜去了银行。

(1) 안나 씨는 왜 이곳에 왔습니까?

安娜为什么去银行?

① 통장을 만들려고

② 가스 요금을 내려고

③ 편지를 보내려고

④ 휴대전화를 사려고

(2) 맞으면 ○, 틀리면 ✕ 하세요.

判断。

① 우체국에서만 가스 요금을 낼 수 있습니다. (　　　)

② 가스 요금은 오늘 안 내면 연체료를 내야 합니다. (　　　)

③ 우체국은 여기에서 가깝습니다. (　　　)

(3) 안나 씨는 무엇을 더 물어 봐야 합니까?

安娜还需要问什么?

① 우체국 위치

② 가스 요금

③ 가스 연체료

④ 통장을 만드는 방법

함께 이야기해 보세요 一起说

1. 돈을 찾으려고 합니다. 직원에게 물어 보세요. 무엇이 필요한가요?
   표 안에 알맞은 내용을 쓰세요.

   如果你想取钱，请向银行工作人员咨询，需要什么材料？请在下边的表格里填写相关内容。

찾으실 때

년   월   일

계좌 번호			금액						
금			전표번호						
휴대폰번호		수표발행시	10만원 매	취급자					
위와 같이 지급하여 주십시오			30만원 매	입금 요구시	계좌번호				
			50만원 매		고객성명				
고객성명 (계약자)	인		100만원 매		금액				

*굵은 선 안에는 고객님께서 직접 기입하여 주십시오.

---

2. 손님에게 물어보세요. 수표로 찾으려고 합니까? 현금으로 찾으려고 합니까?
   얼마를 찾으려고 합니까?

   （假定你是银行工作人员）请向顾客询问，取支票还是取现金？取多少？

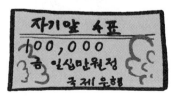

10 우체국 邮局

1. 고향에 계신 부모님께 선물을 보낸 적이 있나요?
   어떻게 보냈습니까?

2. 친구에게 생일 선물을 주고 싶은데 시간이 없습니다.
   어떻게 하면 좋을까요?

3. 급하고 중요한 서류가 있습니다. 그런데 차가 많이 막힙니다.
   좋은 방법이 없을까요?

10-1 소포를 부치려고 하는데 얼마나 걸려요?
包裹要多久能寄到?

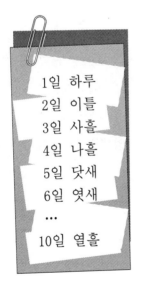

1일 하루
2일 이틀
3일 사흘
4일 나흘
5일 닷새
6일 엿새
...
10일 열흘

얼마나 걸려요?

요금은 얼마예요?

배로 보내 주세요.

만오천 원이 들어요.

사흘이 걸려요.

리밍 씨가 소포를 부치려고 우체국에 갔습니다.

직원 어서 오세요.

리밍 이걸 일본 도쿄로 보내려고 하는데요.

직원 안에 뭐가 있나요?

리밍 책과 옷 등이 있어요.

직원 깨질 물건은 없나요?

리밍 유리컵과 액자가 있는데 괜찮은가요?

직원 액자는 괜찮은데 유리컵은 깨지니까 포장을 하셔야 됩니다.

리밍 네. 알겠습니다. 그런데 도쿄까지 시간이 얼마나 걸리나요?

직원 보통 도쿄까지 이틀쯤 걸리는데, 크리스마스라서 5일쯤 걸릴 겁니다.

잘 들어 보세요 请听录音 A3-39

1. 잘 듣고 따라해 보세요. 听录音并跟读。

   (1) 깨질 물건은 없나요?

   (2) 가고 싶지만 시간이 없네요.

   (3) 책에 없는 내용이군요.

   (4) 가: 학생들이 교실에 있나요?

   　　나: 수업이 끝나서 학생들이 교실에 없네요.

> ᄡ + ᄂ → [ᄆ + ᄂ]
>
> 없는 [업는] → [엄는]
> 없나요 [업나요] → [엄나요]
> 없네요 [업네요] → [엄네요]

2. 잘 듣고 써 보세요. 听录音并跟读。

   (1) 가: 표를 사야 합니까?

   　　나: 네. 표가 _____ 사람은 들어갈 수 없어요.

   (2) 가: 소포를 부치러 왔는데요.

   　　나: 깨지기 쉬운 물건은 _____.

함께 이야기해 보세요 一起说

1. 고향에 계신 부모님께 소포를 보내려고 합니다. 무엇을 보낼 것입니까? 언제까지
   보내야 합니까? 어떻게 보낼 것입니까? 표를 완성해 보세요.

   你要给家乡的父母寄包裹。寄什么？什么时候寄到？怎么寄？请完成下表。

보낼 곳	
보내는 물건	
보내는 사람	
받는 사람	

2. 우체국에 가서 소포를 보내려고 합니다. 다음 표를 보고 직원과 대화해 보세요.

   如果你要去邮局寄包裹，请参照下表与邮局职员对话。

국제항공 소포 요금표

무게 (kg)	요금 (원)			
	일본, 중국	필리핀	프랑스, 영국	이집트, 멕시코
0.5까지	9,000	10,000	13,000	17,000
1.0 ″	10,300	12,000	18,000	24,000
2.0 ″	12,900	16,000	28,000	38,000
3.0 ″	15,500	20,000	38,000	52,000
4.0 ″	18,100	24,000	46,000	64,000
5.0 ″	20,700	28,000	54,000	76,000
6.0 ″	23,300	32,400	62,000	88,000
7.0 ″	25,900	36,800	68,400	100,000
8.0 ″	28,500	41,200	74,800	112,000
9.0 ″	31,100	45,600	81,200	124,000
10.0 ″	33,700	50,000	86,200	136,000

국제 특급(Express Mail Service)

마이클 씨가 우체국에 갔습니다.

A3-40

마이클 이걸 부산까지 보통우편으로 보내려고 하는데요.

직 원 네. 잠깐만 기다려 주세요.

10그램이니까 부산까지는 220원입니다.

마이클 시간이 얼마나 걸리나요?

직 원 오늘 부치면 이틀 후에 도착할 겁니다.

마이클 그러면 보통우편으로 보내주세요.

-로/으로 보내다

단위

g : 그램

kg : 킬로그램

t : 톤

mm : 밀리미터

cm : 센티미터

m : 미터

km : 킬로미터

보통우편

특급우편

국제특급(EMS)

배

비행기

택배

퀵서비스

잘 들어 보세요 请听录音 A3-41

▷ 다음은 미나 씨와 마이클 씨의 전화 내용입니다.
下面是美娜和迈克的通话内容。

(1) 마이클 씨가 보낸 것은 무엇입니까? 迈克寄了什么?

① 　② 　③ 　④

(2) 마이클 씨는 언제 선물을 부쳤습니까? 迈克是什么时候寄出礼物的?

　　① 이틀 전　　　② 3일 전　　　③ 4일 전　　　④ 어제

(3) 선물은 왜 늦게 도착합니까? 礼物为什么晚到了?

　　① 생일이라서　　　　　② 회사 일 때문에

　　③ 크리스마스라서　　　④ 우체국 일 때문에

▷ 우체국에서 보낼 수 있는 것과 보낼 수 없는 것을 ✓해 보세요.
请标出能在邮局寄的东西和不能寄的东西。

	보낼 수 없는 것	보낼 수 있는 것
옷 과일 책 음식 약 향수 자동차 사진		

함께 이야기해 보세요 一起说

10일 전에 미국에서 소포를 보냈는데 아직도 도착하지 않았습니다.
우체국에 전화해서 물어보세요.

十天前从美国寄出的包裹到现在还没到，请给邮局打电话问一问。

가: 거기 서울 우체국입니까?

나: _____

가: 10일 전에 소포를 보냈는데요.

　　아직도 도착하지 았어요.

나: _____

나는 우체국의 직원입니다. 소포를 부친 손님이 전화를 했습니다.
손님의 이야기를 듣고 다음 표를 완성해 보세요.

假设你是邮局职员，寄包裹的顾客打来了电话，请仔细听顾客的话，然后完成下表。

이름	
보낸 물건	
보낸 곳	
받을 곳	
받을 사람	
보낸 날짜	

가: _____

나: 네, 우체국입니다.

　　무엇을 도와 드릴까요?

가: _____

나: 언제 보내셨습니까?

가: _____

나: _____

1 节日

A3-02

2.

(1)가: 지하철에 사람이 많아요?

　나: 네. 지하철에 사람이 많아요.

(2)가: 매운 음식이 좋아요?

　나: 아니요. 매운 음식은 싫어요.

A3-04

1. ①④⑤　2. ②　3. ③

미나: 한국에서는 설날에 무엇을 해요?

준서: 설날 아침에는 한복을 입고 부모님
　　　께 세배를 드려요. 그리고 가족들
　　　과 같이 떡국을 먹어요.

미나: 준서 씨 고향은 어디세요?

준서: 제 고향은 대구예요. 대구는 서울
　　　에서 기차로 3시간쯤 걸려요.

미나: 그래요? 매년 명절에 기차로 가세요?

준서: 네. 명절에는 차가 많이 막혀서 기
　　　차를 타요.

미나: 그렇군요. 준서 씨, 가족들과 즐거
　　　운 명절 보내세요.

준서: 네, 미나 씨도 새해 복 많이 받으
　　　세요.

美娜：韩国怎么过春节？

俊舒：春节早上要穿上韩服，给长辈们拜年，而且
　　　全家还要一起喝年糕汤。

美娜：俊舒，你老家是哪里？

俊舒：我老家是大邱。从首尔坐火车要三个小时。

美娜：是吗？你每年过节都要坐火车回家吗？

俊舒：是的，过节时公路会堵车，所以我坐火车。

美娜：这样啊。俊舒，祝你全家节日快乐。

俊舒：美娜，也祝你春节快乐。

2 礼节

A3-06

2.

(1)가: 많이 힘드세요? 포크 드릴까요?

　나: 네. 젓가락으로 먹기가 힘들어요.

(2)가: 신발을 벗어야 돼요?

　나: 네. 신발을 벗고 들어와야 해요.

A3-08

1. 콜라—캔, 병—병, 남은 음식—음식물
　쓰레기

2. ②

아주머니: 저기, 학생! 신문을 거기에 버
　　　　　리면 안 돼요. 쓰레기는 모두
　　　　　분리해서 버려야 돼요.

나 오 토: 그래요? 그럼, 이 콜라는 어디
　　　　　에 버려야 됩니까?

아주머니: 그 콜라는 캔이니까 여기에, 병
　　　　　은 그 옆의 통에 버려야 돼요.

나 오 토: 그럼, 음식 쓰레기는요?

아주머니: 남은 음식은 저 밖에 있는 통
　　　　　에 버려야 돼요. 참, 음식 쓰
　　　　　레기는 냄새가 나니까 버리고
　　　　　항상 뚜껑을 꼭 닫아야 돼요.

나 오 토: 저, 아주머니, 죄송하지만 다
　　　　　시 한 번 말씀해 주시겠어요?

大婶：小伙子，报纸不能扔在那里，扔垃圾时都得分类。

直仁：是吗？那这个可乐罐是什么垃圾呢？

大婶：那是罐子，扔到这里，瓶子扔到旁边的垃圾桶里。

直仁：那厨余垃圾呢？

大婶：吃剩的食物要扔到外边的垃圾桶里。对了，因为厨余垃圾会有难闻的气味儿，所以扔的时候一定要包装好。

直仁：那个，大婶，不好意思，您能再说一遍吗？

3 礼物

A3-10

2.

(1)가: 방학에 무엇을 할 거예요?

　　나: 영어를 배울 거예요.

(2)가: 미나 씨 생일 선물로 뭘 살 거예요?

　　나: 생일 선물로 책을 살 거예요.

A3-12

1.② 2.(1)네 (2)아니요 (3)아니요

샤오징: 다음 주 목요일이 2월 14일이지요?

준 서: 네, 밸런타인데이네요.

샤오징: 작년 밸런타인데이에 초콜릿을 많이 받았어요?

준 서: 작년에는 초콜릿을 5개나 받았어요.

샤오징: 와! 준서 씨는 여자들에게 인기가 아주 많군요.

준 서: 아니에요. 친한 사람들한테서 받은 거예요. 샤오징 씨는 초콜릿을 줄 남자 친구가 있어요?

샤오징: 네, 있어요.

준 서: 누군데요?

샤오징: 비밀이에요.

小晶：下周四就是2月14号了吧？

俊舒：是的，（马上就到）情人节了。

小晶：去年情人节时，你收了不少巧克力吧？

俊舒：去年收到了5块。

小晶：哇，俊舒，你很受女生欢迎呢。

俊舒：哪里，都是朋友送的。小晶，你有想送巧克力的男朋友吗？

小晶：有。

俊舒：谁？

小晶：秘密。

4 学校生活

A3-14

2.

(1)가: 지금 시간 있으세요?

　　나: 미안해요. 약속이 있어서 종로에 가야 돼요.

(2)가: 뭐해요? 빨리 나갑시다.

　　나: 잠깐만요. 이 서류를 정리해야 해요.

A3-16

1.④ 2.② 3.①

리 밍: 샤오징 씨는 보통 주말에는 뭐하세요?

샤오징: 주말에는 집에서 쉬거나 가끔 친구들하고 쇼핑하러 가요. 리밍 씨는요?

리 밍: 저는 혼자 집에서 노래를 부르면서 청소를 해요.

샤오징: 리밍 씨는 노래를 잘해요?

리 밍: 아니요, 노래를 잘 못하지만 노래 부르는 것을 좋아해요. 샤오징 씨는 한국 노래 부를 수 있어요?

샤오징: 아니요, 저는 한국 노래를 부를 수 없어요. 배우고 싶은데 가사가 좀 어려워요.

리 밍: 그럼, 우리 한국 노래를 하면서 한국어도 같이 공부할까요?

샤오징: 좋아요. 빨리 노래방에 가요.

리 밍: 하하. 그래요. 빨리 갑시다.

李明：小晶，你周末一般都做什么？

小晶：我一般会在家休息，有时也会和朋友出去购物，你呢？

李明：我会一个人在家边唱歌边打扫卫生。

小晶：那你唱歌很好听吧？

李明：唱得不好，只是喜欢唱。你会唱韩国歌吗？

小晶：我不会唱韩国歌，想学来着，但歌词太难了。

李明：那我们一起通过唱韩国歌学韩国语吧？

小晶：好啊，那我们赶紧去KTV吧。

李明：哈哈，好的，现在就去。

5 电影

A3-18

2.

(1)가: 어제 만난 사람이 어땠어요?

　　나: 모델같이 키가 컸어요.

(2)가: 수영 씨는 노래를 잘해요?

　　나: 그럼요, 노래를 가수같이 잘해요.

A3-20

1.④　2.③　3.②　4.①

나오토: 샤오징 씨, 무슨 영화 볼래요?

샤오징: 저는 코미디 영화를 보고 싶어요. 나오토 씨는요?

나오토: 저도 좋아요. 지금 5시니까 5시 20분에 시작하는 영화를 볼까요? 이런! 5시 20분 것은 벌써 매진이군요.

샤오징: 그럼, 7시 50분에 시작하는 걸로 봅시다. 먼저 표를 예매하고 가까운 식당에서 저녁을 먹고 와요.

여기는 극장입니다.

나오토: 저, 7시 50분에 시작하는 '나의 그녀' 두 장 주세요.

직 원: 할인 카드가 있으십니까?

나오토: 아니요, 할인 카드는 없는데요.

직 원: 그럼, 14,000원입니다.

直仁：小晶，咱们看什么电影？

小晶：我想看喜剧电影，你呢？

直仁：我也想看。现在是5点，咱们看5点20那场吧？天哪，5点20那场没票了。

小晶：那咱们看7点50那场吧。咱们先买好票，然后去附近餐厅吃晚饭吧。

在电影院。

直仁：请给我两张7点50场的《我的女孩》。

职员：您有优惠卡吗？

直仁：没有。

职员：一共14,000韩元。

6 购物

A3-22

2.

(1)가: 그 영화를 봤어요?

　　나: 네. 봤는데 재미있었어요.

(2)가: 미나 씨 어디에 갔어요?

　　나: 학교에 갔는데요.

A3-24

1. ②　2. ③

　　안내 말씀드리겠습니다. 6살 여자 아이를 찾고 있습니다. 반팔 티셔츠와 바지를 입었습니다. 그리고 노란색 가방을 메고 있습니다. 키는 115cm 정도이고 머리는 길지 않습니다. 이 아이를 보신 분께서는 백화점 정문으로 아이를 데리고 와 주시기 바랍니다. 다시 한 번 말씀드리겠습니다. 반팔 티셔츠와 바지를 입고 노란색 가방을 멘 여자 아이를 찾고 있습니다. 아이를 보신 분께서는 정문으로 데리고 와 주시기 바랍니다. 감사합니다.

　　现在广播寻人。有一个6岁的女孩，身穿短袖衫和裤子，背着黄色的包，身高115厘米左右，头发不长。请看到这个孩子的顾客把孩子带到购物中心正门。再广播一遍。寻找一个穿着T恤衫和裤子，背着黄色包的女孩，请看到孩子的顾客把孩子带到（购物中心）正门。谢谢。

7 感冒

A3-26

2.

(1)가: 김치가 아주 맛있어요.

　　나: 매운 음식을 아주 좋아하는군요.

(2)가: 이것이 준수 씨가 그런 그림이에요.

　　나: 준수 씨가 노래도 잘하고 그림도 잘 그리는군요.

A3-28

1. ②　2. ①　3. ①　4. ③　5. ②

　　저는 회사일때문에 한국에 왔습니다. 1년 전부터 한국 회사에서 일하기 시작했습니다. 그런데 한국어를 잘 못해서 많이 불편합니다. 그래서 6개월 전부터 성균관대학교에서 한국어를 배우기 시작했습니다. 오전에는 한국어를 배우고 오후에는 회사에서 일합니다. 주말에는 회사 동료들과 가까운 곳으로 여행을 다니면서 사진을 찍습니다. 저는 고향에서도 사진 찍기를 좋아했습니다. 6년 전부터 사진을 찍기 시작했습니다. 한 달 전부터는 회사 동료들에게 사진 찍는 것을 가르쳐 주고 있습니다. 한국 생활은 참 즐겁습니다.

　　我是来韩国工作的，一年前入职了一家韩国公司。但是因为韩国语不好，所以很不方便。为此，我从六个月前开始在成均馆大学学习韩国语。我上午学习韩国语，下午在公司工作。周末，我会和同事去周边旅游并摄影。我在老家时也喜欢摄影，从六年前开始拍摄照片。一个月前，我开始教公司同事们摄影。我在韩国过得很开心。

8 图书馆

A3-30

2.

(1)가: 책을 빌려 주세요.

　　나: 신분증을 보여 주세요.

(2)가: 비자 연장에 무엇이 필요합니까?

　　나: 외국인등록증이 필요합니다.

1. ④

철수: 자, 퇴근합시다. 아이고, 밖에 비가 많이 오네요.

안나: 우산 안 가지고 오셨어요?

철수: 네. 아침에는 비가 안 왔거든요.

안나: 걱정하지 마세요. 제가 우산이 두 개 있는데 하나 빌려 드릴게요.

철수: 안나 씨, 고맙습니다.

哲洙: 下班了。哎呀, 外面雨下得好大。

安娜: 你没带伞吗?

哲洙: 没带, 早上没下雨。

安娜: 别担心, 我有两把伞, 借你一把。

哲洙: 安娜, 谢谢。

2. (1) ⑥ (2) ③

철수: 안나 씨, 한국 생활이 어때요?

안나: 음식도 맛있고 아름다운 곳도 많아서 여행하기 좋아요. 하지만, 한국말 발음때문에 조금 힘들어요.

철수: 그래요? 나한테 쉽고 좋은 책이 있는데 빌려 줄까요?

안나: 정말이세요? 그럼, 좀 빌려 주시겠습니까?

철수: 연습장도 있으니까 같이 빌려 줄게요.

안나: 감사합니다. 빨리 공부하고 돌려 드릴게요.

철수: 괜찮아요. 열심히 공부하고 천천히 돌려 주세요.

哲洙: 安娜, 你在韩国过得怎么样?

安娜: 有美食, 也有很多美景, 很适合旅游, 但我的韩国语发音不太好, 所以遇到些困难。

哲洙: 是吗? 我有本简单好学的书, 借给你吧。

安娜: 真的吗? 能借给我吗?

哲洙: 还有练习册, 一起借给你吧。

安娜: 谢谢, 我会尽快学完还你的。

哲洙: 没关系, 你好好学, 慢慢还吧。

9 银行

2.

(1) 가: 지금 제 말을 이해하시겠어요?

　　나: 아니요, 다시 한 번 천천히 말씀해 주세요.

(2) 가: 전화번호를 알려 주세요.

　　나: 제 전화번호는 760-1334예요.

1. ② 2. ① × ② ○ ③ × 3. ④

직원: 어서 오십시오.

안나: 가스 요금을 내려고 하는데요.

직원: 네, 저희 은행 통장이 있으십니까?

안나: 아니요. 통장은 없는데요.

직원: 죄송합니다만, 저희 은행에서는 요금을 내실 수 없습니다.

안나: 그래요? 그러면 어떻게 해야 하나요?

직원: 우체국에 가서 내시면 됩니다.

안나: 근처에 우체국이 있어요?

직원: 우체국은 여기에서 15분쯤 걸어가셔야 돼요. 조금 멉니다.

안나: 아이고, 어떡하지요? 벌써 4시 15분이네요. 오늘까지 안 내면 연체료를 내야 하는데……

직원: 손님, 그럼, 통장을 하나 만드세요.
　　　그리고 저 기계에서 내시면 됩니다.

안나: 아, 그러면 되겠군요. 통장을 하나
　　　만들게요.

职员：欢迎光临。

安娜：我想交燃气费。

职员：好的，您有我们银行的存折吗？

安娜：没有。

职员：不好意思，您没法儿在我们银行交费。

安娜：是吗？那该怎么办呢？

职员：您去邮局交就可以了。

安娜：这附近有邮局吗？

职员：从这里走路15分钟左右就有一家邮局，有
　　　点儿远。

安娜：哎呀，那怎么办呢？现在已经4点15分了，今
　　　天如果交不上就得交滞纳金……

职员：您办一张存折吧，这样就可以在那边的机器
　　　上交了。

安娜：啊，这样就可以了！那我要办一张存折。

10 邮局

A3-39

2.

(1)가: 표를 사야 합니까?

　　나: 네. 표가 없는 사람은 들어갈 수
　　　　없어요.

(2)가: 소포를 부치러 왔는데요.

　　나: 깨지기 쉬운 물건은 없나요?

미　나: 여보세요? 성균전자 영업부 김미
　　　　나입니다.

마이클: 미나 씨. 저 마니클이에요.

미　나: 마이클 씨, 잘 지내요? 춥지 않
　　　　아요? 한국에는 눈이 많이 오는
　　　　데 미국은 어때요?

마이클: 괜찮아요. 잘 지내요. 미나 씨,
　　　　오늘 생일이죠? 생일 축하해요.

미　나: 고마워요.

마이클: 그런데 내가 보낸 향수와 시계
　　　　못 받았어요?

미　나: 어머, 못 받았는데요.

마이클: 내가 사흘 전에 국제특급으로 부
　　　　쳤는데 아직 도착하지 않았어요?

미　나: 크리스마스라서 시간이 조금 걸
　　　　리나 봐요. 고마워요.

美娜：喂，您好，我是成均电子营业部的金美娜。

迈克：美娜，我是迈克。

美娜：迈克，你最近怎么样？那边冷不冷？韩国下
　　　大雪了，美国怎么样？

迈克：我过得很好，美娜，今天是你的生日吧？生
　　　日快乐。

美娜：谢谢。

迈克：你收到我给你寄的香水和手表了吗？

美娜：哎呀，没收到呢。

迈克：我三天前用国际特快寄的，还没到吗？

美娜：也许因为是圣诞节，所以需要一点儿时间。
　　　谢谢。

A3-41

1. ③　　2. ②　　3. ③

各课单词

1 节日

7页 A3-42

기타（其他）【名】其他

명절（名节）【名】节日

8页 A3-43

고속버스（高速bus）【名】长途汽车

너무【副】太

멀리【副】远远（地）

비행기（飞行机）【名】飞机

새해 복 많이 받으세요 新年快乐

설날 잘 보내세요 春节快乐

설날【名】春节

예매하다（预买-）【他】预购

자동차（自动车）【名】汽车

9页 A3-44

인터넷（internet）【名】网络

출발하다（出发-）【自】出发

11页 A3-45

결혼식（结婚式）【名】婚礼

곧【副】立刻，不久，马上

메일（mail）【名】邮件

보내다【他】度过

사귀다【他】交往，交（朋友）

사촌（四寸）【名】表亲或堂亲

12页 A3-46

가깝다【形】近

13页 A3-47

놀이【名】游戏

떡국【名】年糕汤

세배하다（岁拜-）【自】拜年

윷놀이【名】尤茨（一种韩国传统游戏）

한복（韩服）【名】韩服

14页 A3-48

다이어리（diary）【名】日记，日志

태권도（跆拳道）【名】跆拳道

2 礼节

15页 A3-49

식사하다（食事-）【自】吃饭

조용히【副】安静地

줄을 서다 站队，排队

16页 A3-50

숟가락【名】勺子

술을 따르다 倒酒

신다【他】穿（鞋或袜）

젓가락【名】筷子

칼【名】刀

포크（fork）【名】叉子

혼자【副】单独，独自

놓다【他】放，放下

끄다【他】关，挂断

노약자석（老弱者席）【名】老弱病残孕专座

뛰다【自】跑

매다【他】系，扎

안전벨트（安全belt）【名】安全带

진동（振动）【名】振动

통화하다（通话-）【自】通话

유명하다（有名-）【形】有名，著名

전통（传统）【名】传统

콘서트장（concert场）【名】音乐厅

냄새가 나다 有味道，散发气味

뚜껑을 닫다 盖盖子

싫어하다【他】讨厌，不喜欢

아주머니【名】大婶

종이【名】纸

플라스틱（plastic）【名】塑料

동대문시장（东大门市场）【名】东大门市场

방문하다（访问-）【他】访问

관심（关心）【名】关心，关注

아름답다【形】美丽，漂亮

지난달【名】上个月

지도（地图）【名】地图

특기（特技）【名】特长，专长

3 礼物

기념일（纪念日）【名】纪念日

블루투스 스피커（blue tooth speaker）【名】蓝牙音箱

스마트워치（smart watch）【名】智能手表

졸업식（卒业式）【名】毕业典礼

기구（器具）【名】用具

사진（写真）【名】照片

공연（公演）【名】演出

꽃바구니【名】花篮

립스틱（lipstick）【名】口红

목걸이【名】项链

성년식（成年式）【名】成人礼

소설책（小说册）【名】小说类图书

어버이날【名】父母节

엽서（叶书）【名】明信片

원피스（one-piece）【名】连衣裙

티켓（ticket）【名】票

향수（香水）【名】香水

귀고리【名】耳环

끼다【他】戴，插，塞

넥타이（necktie）【名】领带

반지（半指）【名】戒指

스타킹（stocking）【名】长筒袜，长袜

어울리다【自】般配，和谐，协调

와이셔츠（white shirt）【名】衬衫，衬衣

장갑（掌甲）【名】手套

재킷（jacket）【名】夹克，上衣

초콜릿（巧克力）【名】巧克力

성년의 날【名】成年节（韩国成年节为每年5月的第三个星期一）

스승의 날【名】教师节（韩国教师节为5月15日）

어린이날【名】儿童节（韩国儿童节为5月5日）

특별하다（特别-）【形】特别

롱코트（long coat）【名】长外套

반코트（半coat）【名】短外套

배낭（背囊）【名】背包

서류가방（书类-）【名】文件包

스카프（scarf）【名】围巾

앵글부츠（ankle boots）【名】短靴

정장（正装）【名】正装

파카（parka）【名】派克大衣

핸드백（handbag）【名】手提包

4 学校生活

매표소（卖票所）【名】售票处

셔틀버스（shuttle bus）【名】短途巴士

정류장（停留场）【名】车站

무료（无料）【名】免费

유효기간（有效期间）【名】有效期

쿠폰（coupon）【名】优惠券

사용하다（使用-）【他】使用

샐러드（salad）【名】沙拉

염색（染色）【名】染色

파마（perma）【名】烫发

호프집（hop-）【名】啤酒屋

괜찮다【形】还可以，还不错

담배를 피우다 吸烟

들어가다【自】进去，进入

열심히（热心-）【副】努力地，认真地

기타를 치다 弹吉他

세탁（洗濯）【名】洗衣

운전하다（运转-）【他】开车，驾驶

울다【自】哭

웃다【他】笑

치다【他】打，敲，弹

피아노（piano）【名】钢琴

41页 A3-69

아프다【形】疼；不舒服

운전면허（运转免许）【名】驾照

5 电影

42页 A3-70

문화 상품권（文化商品券）【名】文化产品消费券

43页 A3-71

감독（监督）【名】导演

뮤지컬（musical）【名】音乐剧

연인（恋人）【名】恋人

연주회（演奏会）【名】音乐会

영화제（映画节）【名】电影节

오페라（opera）【名】歌剧

주인공（主人公）【名】主角

초대석（招待席）【名】嘉宾席

커플（couple）【名】情侣

44页 A3-72

끝【名】结尾

멋있다【形】帅，好看

상을 받다 获奖

아까【副】刚才

이해하다（理解-）【他】理解

자막（字幕）【名】字幕

45页 A3-73

똑똑하다【形】聪明

모델（model）【名】模特

천사（天使）【名】天使

천재（天才）【名】天才

키가 크다 个子高

호랑이【名】老虎

46页 A3-74

감동（感动）【名】感动

소리 지르다 叫喊

연기（演技）【名】演技

웃기다【使】逗乐，使发笑

47页 A3-75

액션（action）【名】动作

코미디（comedy）【名】喜剧

할인 카드（割引card）【名】优惠卡

회원 카드（会员card）【名】会员卡

48页 A3-76

애니메이션（animation）【名】动画片

여름【名】夏天

추억（追忆）【名】回忆

팝콘（popcorn）【名】爆米花

6 购物

50页 A3-77

설명서（说明书）【名】说明书

적다【他】记，写

51页 A3-78

간단하다（简单-）【形】简单

누르다【他】按，压

데이터（data）【名】数据，资料

분석하다（分析-）【他】分析

스마트 밴드（smart band）【名】智能手环

제품（制品）【名】制品，产品

52页 A3-79

메모하다（memo-）【他】备忘，摘要

비교하다（比较-）【他】比较

속옷【名】内衣

편의점（便利店）【名】便利店

할인매장（割引卖场）【名】打折商场

53页 A3-80

까만색【名】黑色

노트북（notebook）【名】笔记本电脑

접다【他】折，折叠

하얀색【名】白色

54页 A3-81

매장（卖场）【名】商场

에스컬레이터（escalator）【名】自动扶梯

잃어버리다【他】丢失，丢掉

56页 A3-82

막걸리【名】马格利酒，米酒

섬【名】岛，岛屿

7 感冒

57页 A3-83

눈병（-病）【名】眼病

피【名】血

58页 A3-84

가렵다【形】痒

기침이 나다 咳嗽

붓다【自】肿

소화（消化）【名】消化

열이 나다 发烧，发热

잇몸【名】牙龈，牙床

충혈되다（充血-）【自】充血

피부（皮肤）【名】皮肤

59页 A3-85

심하다（甚-）【形】严重，厉害

좋아지다【他】变好，好转

치과（齿科）【名】牙科

60页 A3-86

내과（内科）【名】内科

따뜻하다【形】温暖

불면증（不眠症）【名】失眠

산부인과（产妇人科）【名】妇产科

성형외과（成形外科）【名】整形外科

소아과（小儿科）【名】儿科

신경외과（神经外科）【名】神经外科

안과（眼科）【名】眼科

이비인후과（耳鼻咽喉科）【名】耳鼻喉科

정형외과（整形外科）【名】骨科

피부과（皮肤科）【名】皮肤科

한의원（韩医院）【名】韩医院

61页 A3-87

처방전（处方笺）【名】处方

62页 A3-88

바르다【他】涂，擦

밴드（band）【名】创可贴

연고（软膏）【名】软膏

의료보험증（医疗保险证）【名】医保凭证

접수하다（接受-）【他】挂号，申请

주사를 맞다 注射，打针

진료（诊疗）【名】诊治

63页 A3-89

동료（同僚）【名】同事

여행하다（旅行-）【他】旅行

64页 A3-90

깁스（gips）【名】石膏

부러지다【自】折断

수영장（水泳场）【名】游泳池

스키장（ski场）【名】滑雪场

증상（症状）【名】症状

콧물【名】鼻涕

헤어지다【自】分手，分别

8 图书馆

66页 A3-91

반납하다（返纳-）【他】返还，归还

신분증（身份证）【名】身份证

연락처（联络处）【名】联系方式

67页 A3-92

면허증（免许证）【名】许可证

연장（延长）【名】延长

영수증（领收证）【名】发票

외국인등록증（外国人登录证）【名】外国人身份证

68页 A3-93

가례복（嘉礼服）【名】嘉礼服（朝鲜王朝王妃结婚礼服）

곤룡포（衮龙袍）【名】衮龙袍（朝鲜王朝国王服装）

당나라（唐-）【名】唐朝，唐代

대여료（贷与料）【名】出借费

명나라（明-）【名】明朝，明代

송나라（宋-）【名】宋朝，宋代

연체료（延滞料）【名】滞纳金

왕비복（王妃服）【名】王妃服（朝鲜王朝王妃日常服装）

이브닝드레스（evening dress）【名】女式晚礼服

파티 드레스（party dress）【名】宴会礼服

학객룩（贺客look）【名】（参加某仪式的）宾客服装

한나라（汉-）【名】汉朝，汉代

69页 A3-94

렌터카 회사（rent a car会社）【名】租

车公司

심심하다【形】无聊，没意思

역사（历史）【名】历史

70页 A3-95

입에 맞다 合胃口

퇴근하다（退勤-）【自】下班

71页 A3-96

갖다 주다【他】带给，拿给

돌리다【使】还，归还

9 银行

73页 A3-97

통장（通账）【名】存折

74页 A3-98

계좌번호（计座番号）【名】账号

도장（图章）【名】印章

돈을 찾다 取钱

발급하다（发给-）【他】发给

비밀번호（秘密番号）【名】密码

사인（sign）【名】签字

서명（署名）【名】署名

송금하다（送金-）【自/他】汇款

신용 카드（信用card）【名】信用卡

신청하다（申请-）【他】申请

입금하다（入金-）【自/他】存钱

작성하다（作成-）【他】开具，撰写

잔액조회（残额照会）【名】查询余额

저금하다（贮金-）【他】存钱，攒钱

75页 A3-99

알려 주다 告诉

천천히【副】慢慢地

76页 A3-100

번역하다（翻译-）【他】翻译

77页 A3-101

분실신고（纷失申告）【名】报失，挂失

전기요금（电气料金）【名】电费

78页 A3-102

가스（gas）【名】燃气

요금（料金）【名】费用

79页 A3-103

계약자（契约者）【名】立约人

고객（顾客）【名】顾客

굵다【形】粗，粗大

금액（金额）【名】金额

발행（发行）【名】发行，发给

수표（手票）【名】支票

요구（要求）【名】要求

인（印）【名】印章

지급하다（支给-）【他】支付，付给

취급자（取给者）【名】办理人，经手人

10 邮局

80页 A3-104

서류（书类）【名】文件

중요하다（重要-）【形】重要

81页 A3-105

배【名】船

부치다【他】邮寄

소포（小包）【名】包裹

82页 A3-106

깨지다【自】碎，破

내용（内容）【名】内容

액자（额子）【名】相框

83页 A3-107

멕시코（Mexico）【名】墨西哥

무게【名】重量

이집트（Egypt）【名】埃及

필리핀（Philippines）【名】菲律宾

84页 A3-108

우편（邮便）【名】邮政，邮递

택배（宅配）【名】快递

특급（特急）【名】特快专递

퀵서비스（quick service）【名】同城快递

도착하다（到着-）【自】到达

85页 A3-109

회사（会社）【名】公司

课文译文

1 节日

马上就要到春节了，俊舒和美娜在聊天。

俊舒：美娜，你打算什么时候回家？

美娜：我想明天一早就走。

俊舒：买票了吗？

美娜：买了，上个月就在网上买好了，你呢？

俊舒：我没买到火车票，打算坐大巴回家。

美娜：那祝你全家春节快乐。

俊舒：也祝你一路顺风。

美娜：新年快乐。

俊舒：新年快乐。

马上就要到圣诞节了，俊舒和美娜在聊天。

美娜：俊舒，你每年圣诞节都寄贺卡吗？

俊舒：是的，我每年都寄。

美娜：今年也要寄吗？

俊舒：今年我打算在网上发贺卡。

美娜：为什么？

俊舒：因为电子邮件又快又方便，所以我想发送电子贺卡。

2 礼节

小晶去俊舒家玩儿。

小晶：你好，俊舒。

俊舒：快请进，请脱鞋。

小晶：好的。

俊舒：请坐这儿，我们一起吃饭吧。

小晶：哇，看起来很好吃呢，是你做的吗？

俊舒：是的，你多吃点儿。在韩国，吃饭时要把碗放在桌子上。

小晶：是吗？

俊舒：而且酒要由别人倒，给长辈倒酒时要用双手。

芝妍正在和正美谈论韩国生活。

芝妍：正美，你韩国语说得这么好，你是什么时候来韩国的？

正美：三个月前来的，现在在成均馆大学学韩国语。

芝妍：韩国语学起来有意思吗？

正美：很有意思。因为学习韩国语，所以我想多了解韩国文化。

芝妍：那么去博物馆吧，去博物馆可以了解更多韩国文化。

正美：是吗？那我一定要去看看。

3 礼物

明天是美娜的生日，迈克和珍妮正在谈论生日礼物。

珍妮：你明天参加美娜的生日聚会吗？

迈克：参加，已经收到邀请了。但是送什么礼物好呢？

珍妮：过生日就买蛋糕和花吧。

迈克：美娜不太喜欢花，买点儿别的吧？

珍妮：那买什么好呢？美娜喜欢什么呢？

迈克：美娜喜欢音乐，就送她蓝牙音箱吧。

珍妮：好主意。那我们一起去购物中心吧。

27页

美娜和正美去了服装店。

美娜：这件T恤衫怎么样？

店员：试穿一下吧。

正美：很漂亮。

店员：这顶帽子也试一下吧，和这件T恤衫很配。

美娜：这顶帽子刚才试过了，很漂亮，但是太贵了。

4 学校生活

33页

迈克和芝妍在校车站见面了。

芝妍：迈克，你买票了吗？

迈克：没买，我没找到售票处。没票就不能坐校车吗？

芝妍：可以坐，但要交300韩元现金。

迈克：是吗？要多出50韩元呢。你知道售票处在哪儿吗？

芝妍：就在校车站右边，你没看见吗？

迈克：是吗？请等我一下，我去买张票。

36页

（课间）休息时，直仁遇见了迈克。

直仁：迈克，你一下课就抽烟吗？

迈克：是的，休息时我一般会去洗手间或者抽烟，你呢？

直仁：我一般会和同学边喝咖啡边聊天，你也来一杯？

迈克：谢谢，不用了。上课了，我们快点儿进去吧。

直仁：嗯，好好学习。再见。

5 电影

44页

俊舒和正美看完电影后聊天。

俊舒：正美，（你觉得）刚才的电影怎么样？

正美：嗯……没有字幕，理解起来有些困难。

俊舒：那部电影在电影节上获过奖，很有名的。

正美：是吗？里面那个高个子的男演员是谁？

俊舒：你是说男主角吗？他叫刘民宇，帅吧？

正美：嗯，你今天也和那个演员一样帅。

俊舒：哈哈，谢谢。晚饭我请你吃好吃的。

46页

俊舒、小晶和美娜在聊电影。

俊舒：小晶，你喜欢什么样的演员？

小晶：我喜欢像张东根一样帅的演员，所以我昨天去看了他出演的电影。

美娜：啊，我也在杂志上看到了那部电影的相关报道，那是一部著名导演拍的电影。

小晶：原来如此，怪不得那么感人，和我一起去的朋友都看哭了。

美娜：我也想赶紧看看。

俊舒：下次有好电影咱们一起去看吧。

小晶、美娜：好啊！

么时候开始肿的？

俊 舒：昨天晚上开始肿的。

大夫：您的牙龈不是很好。

俊 舒：是吗？

大夫：但不严重，吃两天药就好了。

6 购物

51页

美娜去买手环。

美　娜：请把这个手环给我看一下。

售货员：是这个吗？

美　娜：是的，多少钱？

售货员：24万韩元，您看一下。

美　娜：好的，如果想分析运动数据，得怎么做呢？

售货员：按这个就行了。

美　娜：又简便又好，我就买这个吧。

售货员：好的，详细内容在使用之前请阅读说明书。

61页

俊舒去了药店。

俊　舒：这是处方。

药剂师：好的，请稍等。您的感冒很严重，每天请一定服药三次。

俊　舒：怎么吃呢？

药剂师：饭后服用，饭后30分钟比较好。

俊　舒：好的，我知道了。

53页

李明去买手机。

李　明：这台手机多少钱？

售货员：您是说黑色的吗？

李　明：不，是黑色旁边那个白色的。看起来不错，多少钱？

售货员：49万韩元，是这个月上市的新品。

李　明：啊，49万？

售货员：是的，这台手机能折叠，所以有些贵。

8 图书馆

67页

迈克去图书馆借书。

职员：请问有什么可以帮您？

迈克：我想借这本书。

职员：您以前借过书吗？

迈克：没有，这是第一次。

职员：那请填写借书卡。

迈克：好的。

职员：请出示一下身份证。

迈克：好的，给您。

7 感冒

59页

俊舒因牙疼去了（医院）牙科。

俊舒：您好。

大夫：您怎么了？

俊舒：我牙疼。

大夫：我看看，请张嘴说"啊"。您是从什

69页

美娜和正美在路上相遇了。

美娜：你现在去哪儿？

正美：去图书馆借书。

美娜：你要借什么书？

正美：我想借韩国历史方面的书。

美娜：我有历史方面的好书，借给你吧。

正美：是吗？谢谢。

9 银行

75页

直仁去了银行。

职员：欢迎光临，请问有什么可以帮您？

直仁：我想办一张存折。

职员：请填写申请表。

直仁：我是外国人，这个对我来说比较困难，如果您能帮忙就好了。

职员：请出示身份证，我帮您填。

直仁：好的。

77页

珍妮去了银行。

职员：欢迎光临。

珍妮：我想办一张存折。

职员：好的，办理存折需要身份证。

珍妮：是吗？可是我现在没带。

职员：很抱歉，没有身份证不能办理。

珍妮：好的，那我一会儿再带身份证过来吧。

10 邮局

82页

李明去邮局寄包裹。

职员：欢迎光临。

李明：我想把这个寄到日本东京。

职员：这里面有什么？

李明：有书和衣服什么的。

职员：有易碎物品吗？

李明：有玻璃杯和相框，有问题吗？

职员：相框没关系，但玻璃杯易碎，需要包装。

李明：好的，知道了。到东京要多长时间呢？

职员：一般两天左右，但现在是圣诞节，所以大概需要五天。

84页

迈克去了邮局。

迈克：我想把这个用普通邮件寄到釜山。

职员：好的，请稍等。一共10克，寄到釜山需要220韩元。

迈克：需要多长时间？

职员：如果今天寄，两天之后能到。

迈克：那就寄普通邮件吧。

말하기
쉬운
한국어

A4

新视线韩国语听说教程

教材构成

单元主题	功能	语法和表达	发音	听力	活动
1 머리하기 美发	• 学习美发店相关表述 • 表述理由 • 比喻	–아/어 보이다 –느라고 –처럼	双收音后的紧音化（ᆲ+ ㄱ, ㄷ, ㅅ)	• 意向	• 说明自己想要的发型 • 根据外貌找人
2 외국 생활 国外生活	• 描述在国外遇到的情况	–(으)ㄹ 만하다 –는 편이다 –기가 싫다/힘들다/어렵다	–겠군요	就业咨询	询问就业意愿并推荐合适的职位 • 表达请求
3 물어보기 询问	• 问路 • 道歉	–ㄴ/는지 알다/모르다 얼마나 –ㄴ/는지	• 쯤	• 辩解	参加婚礼 • 失误的原因
4 여정 计划	• 阐述计划 • 叙述必须遵守约定的原因	–(으)ㄹ까 하다 –기 때문에 –아/어도 –아/어야 하다 –는게 어때요?	특별히	约见	确定游览计划 • 提出问题并寻找解决方法
5 문제 해결 解决问题	• 叙述解决问题的方法	–면 –고 나서 –았/었거든요	• 때엔	• 问题与解决方案	• 寻找解决问题的方法
6 휴가 계획 假期计划	• 叙述经验 • 制订假期计划	–기로 하다 –ㄴ 적이 있다/없다 –(으)로 해서 –자마자	• –기로	• 旅游计划	• 制订派对计划 • 找路

单元主题	功能	语法和表达	发音	听力	活动
7 출장 出差	• 初步了解职场中可能会遇到的情况 • 表达 "变化"	• –게 되다 • –았/었거든요 • –(으)ㄹ 줄 알다	• –았/었거든요	• 与同乡的通话	• 表达 "变化" • 描述学习韩国语后的变化
8 수료식 结业典礼	• 描述结业典礼 • 找借口	• –(이)랑 • –(으)ㄴ/는 척하다 • –어야겠다	• –아야/어야겠다	• 解决问题	• 寻找解决方案 • 寻找合适的借口
9 기간 期间	• 描述时间经过 • 描述遇到的问题	• –을/를 위해 • –기 위해 • –(으)ㄴ 지 • –만에 • –(으)ㄹ 뻔하다	• –ㄹ 뻔하다	• 重逢	• 描述经过了多长时间 • 说明目的
10 비교 比较	• 比较过去与现在 • 与别人比较	• –에 비해 • –아/어다가 • –지 그러세요?	• 双收音ㅄ	• 自我介绍	• 比较各地的情况

목 차

1 머리하기 美发

1. 미용실에 가 봤습니까?

2. 얼마나 자주 미용실에 갑니까?

3. 어떤 머리 모양을 좋아합니까?

4. 머리를 하는 데 보통 돈이 얼마나 듭니까?

5. 윗 여자들에게는 어떤 머리 모양이 어울립니까?

1-1 앞머리를 짧게 잘라 주세요
请把刘海儿剪短一些

▷ 미용실에 갔습니다. 미용실에서 어떻게 말할까요? 친구와 함께 이야기해 보세요.

去了理发店后，应该说些什么？请和同学一起讨论。

파마하다

머리를 자르다

머리를 다듬다

염색하다

드라이하다

어떤 모양으로 해 드릴까요?

어떤 스타일로 하시겠습니까?

이 사진처럼 해 주세요.

요즘 유행하는 헤어스타일이에요.

머리를 감다

드라이기로 머리를 말리다

머리를 기르다

면도하다

마사미 씨가 머리를 하러 갔습니다.

미용사　어서 오세요. 이리 앉으세요.
마사미　머리가 좀 길어서 자르려고 하는데요.
미용사　어떻게 잘라 드릴까요?
마사미　머리가 길어서 더워 보이니까 짧게 잘랐으면 좋겠어요.
　　　　앞머리는 짧게 자르고 옆머리는 조금만 다듬어 주세요.
　　　　이 사진처럼 해 주세요.
미용사　네, 알겠습니다.

 ## 잘 들어 보세요 请听录音   A4-02

1. 잘 듣고 따라해 보세요. 听录音并跟读。

(1) 앞머리는 짧게 자르고 싶어요.
(2) 더우니까 짧은 것이 좋아요.
(3) 맑은 날씨보다 조금 흐린 날이 좋아요.
(4) 가: 책 좀 빌려 주세요.
　　 나: 다 읽고 빌려 드릴게요.

2. 잘 듣고 써 보세요. 听录音并填空。

(1) 가: 쇼핑을 많이 했어요?
　　 나: 날씨가 더워져서 ＿＿＿＿＿＿＿＿＿＿와/과 셔츠를 한 장 샀어요.
(2) 가: 어떤 책을 빌려 줄까요?
　　 나: 내용이 긴 책은 읽기가 어려우니까 ＿＿＿＿＿＿＿＿＿＿을 빌려 주세요.

함께 이야기해 보세요 一起说

▷ 미용실에 가서 머리를 하려고 합니다. 한 사람은 미용사가 되고 한 사람은 손님이 되어서 대화해 보세요. 그다음에 친구와 역할을 바꿔서 연습해 보세요.

假设你想去理发，请一位同学扮演美发师，你扮演顾客，练习对话。然后与同学互换角色，继续练习对话。

 나는 미용실의 손님입니다. 지금의 머리 모양이 마음에 들지 않습니다. 바꾸고 싶은 머리 모양을 미용사에게 설명해 보세요. 그리고 미용사가 추천하는 머리 모양을 그려 보세요.

假设你对现在的发型不满意，请向理发师说明自己想要的发型并画出理发师推荐的发型。

내가 하고 싶은 머리 모양	미용사가 추천하는 머리 모양

 나는 미용사입니다. 손님의 이야기를 듣고 손님이 하고 싶은 머리 모양을 그려 보세요. 그리고 손님에게 어울리는 머리 모양을 설명해 주세요.

假设你是一位理发师，请根据客人的描述画出客人想要的发型并向客人推荐适合的发型。

손님이 하고 싶은 머리 모양	손님에게 어울리는 머리 모양

1-2 시험 공부하느라고 머리를 못 잘랐어요
一直忙着准备考试都没剪头发

A4-03

민호 씨와 제니 씨가 오랜만에 길에서 만났습니다.

민호 제니 씨, 오랜만이에요. 그동안 잘 지냈어요?
제니 네, 잘 지냈어요.
　　　민호 씨, 오늘 별일 없으면 같이 연극 보러 갈래요?
민호 어, 저는 오늘 미용실에 가려고 하는데요.
　　　시험 공부하느라고 머리를 못 잘랐어요.
제니 조금 더워 보이네요.

미용실에 가다	시험 공부하다	머리를 못 자르다	덥다
밥을 먹다	일하다	밥을 못 먹다	힘이 없다
오늘 일찍 집에 가다	숙제하다	잠을 못 자다	피곤하다
목욕탕이나 찜질방에 가다	청소하다	목욕을 못 하다	힘들다

잘 들어 보세요 请听录音 🎧 A4-04

▷ 다음을 듣고 질문에 답하세요. 听录音并回答问题。

(1) 무엇에 대해서 이야기하고 있습니까? 录音主要讲了关于什么的内容?

　　① 가족　　　　　　　② 친구

　　③ 취미　　　　　　　④ 학교 생활

(2) 알맞은 사진을 고르세요. 请选出正确的图片。

　① 　　　②

　③ 　　　④

(3) 잘 듣고 맞으면 ○, 틀리면 × 하세요. 判断。

　　① 아버지의 연세는 57세이다. (　　)

　　② 형은 대학생이다. (　　)

　　③ 마이클은 누나와 얼굴이 닮았다. (　　)

　　④ 마이클은 대학에서 무용을 했다. (　　)

　　⑤ 마이클의 아버지는 농구 선수이다. (　　)

함께 이야기해 보세요 一起说

▷ 두 사람이 되어서 이야기해 보세요. 两人一组练习对话。

▷ 어제 왜......?

昨天为什么……?

-느라고

전화를 못 받다

숙제를 못 하다

지하철에서 못 내리다

밥을 못 먹다

학교에 못 오다

친구를 못 만나다

가: 어제 왜 학교에 못 왔어요?

나: 자느라고 학교에 못 왔어요.

2 외국 생활 国外生活

잘 들어 보세요 请听录音 🎧 A4-05

1. 장스 씨는 무엇을 합니까?

2. 장스 씨는 운동을 잘하는 편입니까?

3. 은영 씨는 농구 경기를 본 적이 있습니까?

2-1 그 전시회는 정말 볼 만해요
那个展览的确值得一看

-(으)ㄹ 만하다

(1)

(2)

(3)

(4)

은영 씨와 마이클 씨가 오랜만에 만났습니다.

은 영 오랜만이네요. 그동안 잘 지내셨어요?

마이클 네, 취직 시험 준비하느라고 연락하지 못했어요.

은 영 그래요? 아주 피곤하겠군요. 시험 끝나면 뭘 하고 싶어요?

마이클 대학로에서 하는 사진 전시회에 가고 싶어요.

은 영 유명한 사진작가의 전시회예요?

마이클 네, 그 작가 사진 정말 볼 만해요.

은 영 그런데 마이클 씨는 사진 찍는 것을 좋아하세요?

마이클 네, 좋아하는 편이에요.

 ## 잘 들어 보세요 请听录音 A4-07

1. 잘 듣고 따라해 보세요. 听录音并跟读。

(1) 취직 준비하느라고 피곤하겠군요.

(2) 중국 갔다 오느라고 힘들었겠군요.

(3) 그 식당은 음식이 맛있으니까 손님이 많겠군요.

(4) 가: 어제 이 코트를 샀어요.

나: 따뜻하겠군요.

2. 잘 듣고 써 보세요. 听录音并填空。

(1) 가: 숙제하느라고 2시간밖에 못 잤어요.

나: 그럼 아주 _____.

(2) 가: 이 책은 한자가 많아요.

나: 많이 _____.

함께 이야기해 보세요 一起说

▷ 마이클 씨가 한국에서 취직을 하려고 합니다. 이력서와 자기소개서를 썼습니다.
　　迈克打算在韩国工作，他写了简历和自我介绍。

이름	마이클	
생년월일	2001년 5월 10일	
주소	서울시 종로구 명륜동 1가 53번지	
전화번호	010-123-456*	

저는 한국에서 오랫동안 살고 싶어서 한국 회사에 취직하려고 합니다.
외국어 공부하는 것을 좋아해서 5개국어를 할 줄 압니다. 그중에서 특히 중국어를 잘하는 편입니다.
한국어도 열심히 배우고 있습니다. 그래서 무역 회사에 취직하고 싶습니다.

 취직을 하려고 합니다. 어떤 회사에 가고 싶습니까? 어떤 일을 잘합니까?
이력서와 자기소개서를 쓰고 질문에 답하세요.
　　如果工作，你想进什么样的公司？你擅长什么样的工作？请完成简历和自我介绍并回答问题。

이름		
생년월일		
주소		
전화번호		

학생 2 취직을 하려고 하는 사람에게 질문해 보세요. 그리고 그 사람과 잘 어울리는 일을
말 해 주세요.

请向求职的人询问，然后说一说这个人适合做哪些工作。

일하고 싶은 곳?	무역 회사
그 일을 하고 싶은 이유?	외국어를 잘합니다
일할 수 있는 시간?	오후1시 ~ 6시

	아주 잘한다	잘하는 편이다	그저 그렇다	못하는 편이다	전혀 못한다
한국어를 할 수 있습니까?					
컴퓨터를 할 수 있습니까?					
피아노를 칠 수 있습니까?					
운전을 할 수 있습니까?					
요리를 잘합니까?					
노래를 잘합니까?					
외국어를 잘합니까?					
아이들을 좋아합니까?					
여행을 좋아합니까?					

A4-08

준서 씨가 마사미 씨에게 어제 책을 빌려 주었습니다.

그 책에 대해서 이야기합니다.

준 서　제가 빌려 준 책을 읽어 봤어요? 어땠어요?

마사미　내용이 어려워서 뜻을 이해하기가 좀 힘들었어요.
　　　하지만 재미있었어요.

준 서　그래요? 다른 것도 빌려 드릴까요?

마사미　네, 빌려 주세요. 그런데 외국인 친구들에게 선물할 만한 책
　　　은 뭐가 있을까요?

준 서　제가 추천해 드릴게요.

내용	어렵다
대화	복잡하다
자막	없다
설명	한국어로 되어 있다

잘 들어 보세요 请听录音 A4-09

▷ 다음을 듣고 질문에 답하세요. 听录音并回答问题。

(1) 마이클 씨는 왜 전화했습니까?

迈克为什么打电话？

① 비행기 표를 예약하려고

② 대학 입학 시험을 보려고

③ 한국어 수업을 들으려고

④ 여행사에 취직하려고

(2) 마이클 씨는 언제 이력서를 내야 합니까?

迈克需要什么时候交简历？

① 7월 1일 ~ 7월 6일　　② 1월 1일 ~ 1월 6일

③ 7월 2일 ~ 7월 9일　　④ 2월 1일 ~ 7월 9일

(3) 이력서를 내려면 무엇이 필요한가요? 모두 고르세요.

简历上需要包含哪些信息？请全部选出来。

① 전화번호 (　　　)　　② 우표 (　　　)

③ 사진 (　　　)　　④ 등록금 (　　　)

⑤ 주소 (　　　)

(4) 잘 듣고 맞으면 ◯, 틀리면 × 하세요.

判断。

① 마이클 씨는 한국어를 못합니다. (　　　)

② 마이클 씨는 한국어를 1년 6개월 동안 공부했습니다. (　　　)

③ 마이클 씨는 대학을 졸업한 후에 한국어를 공부하고 있습니다. (　　　)

함께 이야기해 보세요 一起说

▷ 미국에서 같이 공부한 친구에게서 메일을 받았습니다.

你收到了一封美国同学的邮件。

> 지연 씨에게
>
> 그동안 잘 지내셨어요?
>
> 지금 미국은 무척 더운데 한국은 어떤가요? 날씨가 많이 더우니까 건강 조심하세요. 저는 다음 달부터 방학이어서 한 달 동안 한국에 여행 가려고 해요. 그런데 한국 여행이 처음이라서 걱정이 돼요. 가 보고 싶은 곳도 많고 먹고 싶은 것도 많고 배우고 싶은 것도 많아요. 한국에서 가 볼 만한 곳이 어디인가요? 무엇을 하는 것이 좋을까요?
>
> 괜찮으시면 지연 씨가 추천을 좀 해 주시면 좋겠어요.
>
> 편지 기다릴게요.
>
> 20××. 7. 20 뉴욕에서 안나

친구에게 한국 여행에 대한 안내를 해 주려고 답장을 썼습니다.

你给同学回复邮件，介绍一些关于在韩国旅游的事。

> 안나 씨에게
>
> 안나 씨 정말 반가워요.
>
> 한국에 오면 연락하세요. 꼭 만나고 싶어요.
>
> 한국에 오면 먼저 제주도에 가 보세요.
>
> 한라산도 아름답고 바다도 깨끗해서 가 볼 만해요.
>
> 한국 역사와 문화에 대해서 알고 싶으면 경주나 민속촌에도 한 번 가 보세요.
>
> 한국의 옛날 집들과 거리들이 있어서 구경할 만해요.
>
> 그리고 _____
>
> 20××. 7. 25 서울에서 지연

▷ 앞글처럼 외국에 사는 친구에게 여행 안내를 부탁하는 메일을 써 봅시다.

请仿照前文，给国外的朋友写邮件，拜托他介绍一些旅游信息。

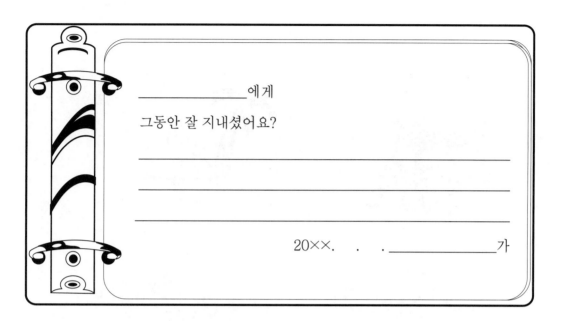

_____에게

그동안 잘 지내셨어요?

_____

_____

_____

20××. ． ． _____가

▷ 친구에게 중국의 유명한 곳을 소개하는 편지를 써 보세요. 친구들과 같이 의논한 후
에 지도를 그리고 표시해 봅시다.

请给朋友写一封介绍中国风景名胜的信，并和同学讨论后，画一幅地图。

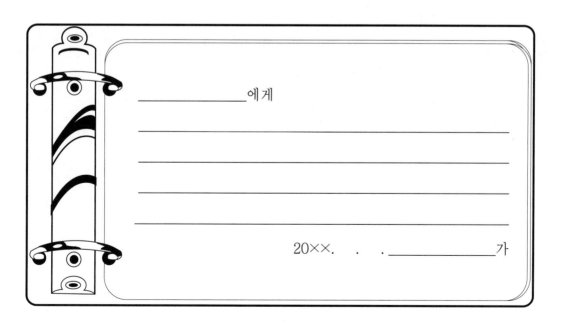

_____에게

_____

_____

_____

_____

20××. ． ． _____가

3 물어보기 询问

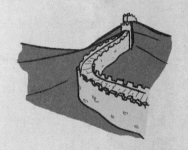

1. 이곳을 여행해 보았습니까?

2. 이곳들이 어디에 있는지 아십니까?

3. 알고 싶은 것이 있으면 어떻게 합니까?

3-1 세종문화회관이 어디에 있는지 아세요?
你知道世宗文化会馆在哪里吗？

▷ 그림을 보고 그곳에 대해 친구에게 물어보세요.

看图并就该地点向同学提问。

(1)

(2)

(3)

(4)

(5)

(6)

민속촌

N서울 타워

남대문 시장

놀이 공원

한라산

어디에 있는지 알아요?

네, 어디에 있는지 알아요.

아니요, 어디에 있는지 몰라요.

마이클 씨가 지도를 보고 있습니다.

제 니 마이클 씨, 그게 뭐예요?

마이클 서울 안내 지도예요.

제 니 뭘 찾고 있어요?

마이클 사물놀이를 보고 싶어서 세종문화회관에
　　　가려고 하는데요. 세종문화회관이 어디에
　　　있는지 아세요?

제 니 네, 알아요. 학교에서 버스로 30분쯤 걸려요.

마이클 그래요? 그런데 제니 씨는 사물놀이를 봤어요?

제 니 네, 2년 전에 한 번 봤는데 아주 좋았어요.

 ## 잘 들어 보세요 请听录音 A4-11

1. 잘 듣고 따라해 보세요. 听录音并跟读。

　(1) 학교에서 버스로 30분쯤 걸려요.

　(2) 서울에서 기차로 4시간쯤 걸려요.

　(3) 광화문에서 지하철로 1시간 40분쯤 걸려요.

2. 잘 듣고 써 보세요. 听录音并填空。

　(1) 가 : 학교에서 명동까지 얼마나 걸려요?

　　　나 : 버스로 ＿＿＿＿＿＿＿ 걸려요.

　(2) 가 : 서울에서 부산까지 얼마나 걸려요?

　　　나 : 부산까지 ＿＿＿＿＿＿＿ 걸려요.

함께 이야기해 보세요 一起说

학생 1 직장 동료인 은영 씨에게 결혼식 초대를 받았습니다. 그런데 청첩장의 내용이 정확하게 보이지 않습니다. 다른 동료에게 물어서 완성해 보세요.

你收到同事恩英的婚礼请柬，但请柬上的部分内容不太清楚，请向其他同事询问后补充完整。

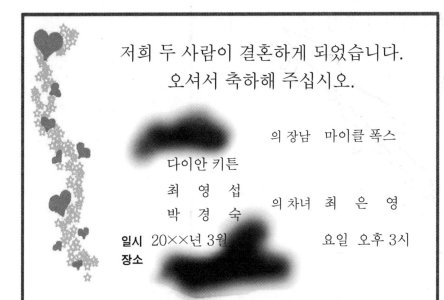

저희 두 사람이 결혼하게 되었습니다.
오셔서 축하해 주십시오.

의 장남 마이클 폭스

다이안 키튼

최 영 섭
박 경 숙   의 차녀 최 은 영

일시 20××년 3월   요일 오후 3시
장소

-는지 알아요?

-이/가 어디인지 알아요?

-이/가 언제인지 알아요?

교통편 안내

지하철 : 4호선   번 출구)

일반버스 : 버스 567번, 932

☎ (02) 760-123*

직장 동료인 은영 씨에게 결혼식 초대를 받았습니다. 그런데 청첩장의 내용이 정확하게 보이지 않습니다. 다른 동료에게 물어서 완성해 보세요.

你收到同事恩英的婚礼请柬，但请柬上的部分内容不太清楚，请向其他同事询问后补充完整。

-는지 알아요?

-이/가 언제인지 알아요?

-이/가 누구인지 알아요?

🎧 A4-12

게이코 씨가 민지 씨를 기다립니다.

게이코　민지 씨, 점심 먹으러 가요.

민 지　뭘 먹을까요?

게이코　성대 식당의 냉면을 먹어요. 거기 냉면이 얼마나 맛있는지 몰라요.

민 지　날씨가 추운데 삼계탕을 먹는 게 어때요?

게이코　좋아요. 그럼 오늘은 삼계탕을 먹고 다음에 냉면을 먹어요.

김치찌개

생선찌개

된장찌개

부대찌개

냉면

삼계탕

김밥

순대

떡볶이

오뎅

튀김

삼겹살

점심	맛있다	날씨가 춥다	삼계탕
저녁	싸다	시간이 없다	자장면
술	향이 좋다	고기를 안 좋아한다	햄버거
차	양이 많다	비싸다	된장찌개
		분위기가 안 좋다	캔커피
		멀다	우유
		몸이 안 좋다	

잘 들어 보세요 请听录音 🎧 A4-13

▷ 다음을 듣고 질문에 답하세요. 听录音并回答问题。

(1) 은영 씨는 얼마 동안 민호 씨를 기다렸습니까? 恩英等民浩等了多久?

① 30분   ② 1시간 30분

③ 10분   ④ 20분

(2) 민호 씨가 늦은 이유는 무엇입니까? 民浩为什么迟到?

① 한국어를 가르치느라고 늦었습니다.

② 교통사고가 나서 늦었습니다.

③ 길을 몰라서 늦었습니다.

④ 마이클 씨와 같이 오느라고 늦었습니다.

(3) 다음을 잘 듣고 맞으면 ○, 틀리면 × 하세요. 判断。

① 마이클 씨는 미국에서 왔습니다. (   )

② 마이클 씨는 한국어 공부하러 한국에 왔습니다. (   )

③ 민호 씨는 미국에서 회사에 다닐 겁니다. (   )

④ 민호 씨는 마이클 씨의 한국어 선생님입니다. (   )

함께 이야기해 보세요 一起说

▷ 아래의 상황을 보고 대화를 만들어 보세요. 어떻게 사과를 하면 좋을까요?

请看图练习对话，遇到下图中的场景，应该如何道歉？

가 : 손님
나 : 미용사

가 : 어머, 이게 뭐예요.
나 : 죄송합니다.
가 : _____
나 : _____

가 : 기다리는 남자
나 : 늦게 온 여자

가 : _____
나 : _____
가 : _____
나 : _____

가 : 커피 쏟은 여자
나 : 책 주인

가 : _____
나 : _____
가 : _____
나 : _____

가 : 자동차 기사
나 : 트럭 기사

가 : _____
나 : _____
가 : _____
나 : _____

4 예정　计划

1. 연휴입니다. 연휴에 계획이 있습니까?

2. 방학에는 무엇을 합니까?

3. 이번 방학에는 무엇을 할 겁니까?

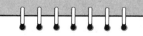

4-1 동물원부터 갈까 해요
我想先去动物园

▷ 친구와 함께 공원과 미술관에 갔습니다. 어디로 갈 것인지 함께 이야기해 보십시오.

你和朋友计划一起去公园和美术馆玩儿，请和朋友一起讨论具体路线。

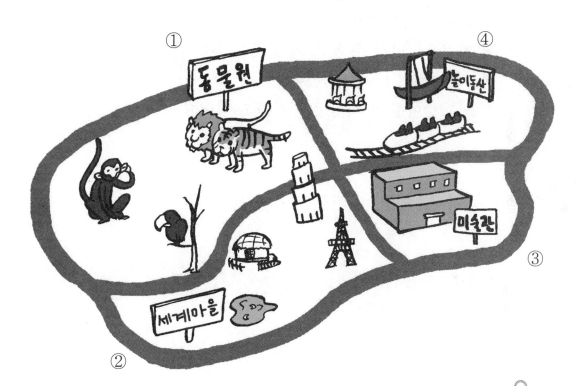

어디부터 갈 거예요?

동물원부터 갈까 해요.

① 사자	② 피사의 사탑	③ 조각상	④ 회전목마
호랑이	에펠탑	그림	바이킹
새	서호		롤러코스터
원숭이	민속촌		

왕호 씨가 주말에 친구들과 과천에 갔습니다.
과천에는 놀이동산과 미술관과 동물원이 있습니다.

왕 호 자, 어떻게 할까요?
제임스 놀이동산부터 가는 것이 어때요?
사유리 저는 미술관부터 갈까 하는데요.
왕 호 왜요?
사유리 일찍 문을 닫기 때문에 미술관에 먼저 가려고 해요.
제임스 왕호 씨는 어때요?
왕 호 저는 처음이라서 두 분이 가는 곳을 따라 가려고요.
사유리 특별히 가고 싶은 곳이 없어요?
왕 호 저는 호랑이를 보러 동물원에 가고 싶어요.

잘 들어 보세요 请听录音 A4-15

1. 잘 듣고 따라해 보세요. 听录音并跟读。
   (1) 특별히 가고 싶은 곳이 있어요?
   (2) 특별히 먹고 싶은 요리가 없어요.
   (3) 가: 주말에는 무엇을 하세요?
       나: 특별히 하는 일이 없어요.

2. 잘 듣고 써 보세요. 听录音并填空。
   (1) 가: 오늘 어디에 가 보고 싶으세요?
       나: _____ 가고 싶은 곳은 없는데요.
   (2) 가: 주말에 뭘 하세요?
       나: _____ 하는 일이 없어요. 집에서 보통 쉬어요.

함께 이야기해 보세요 一起说

▷ 그림을 보고 이야기해 보십시오. 看图练习对话。

가 : 성민 씨의 집들이에 무엇을 선물할 거예요?

나 : 비누를 선물할까 해요.

가 : 비누는 많이 선물하기 때문에 그릇을 선물할까 해요.

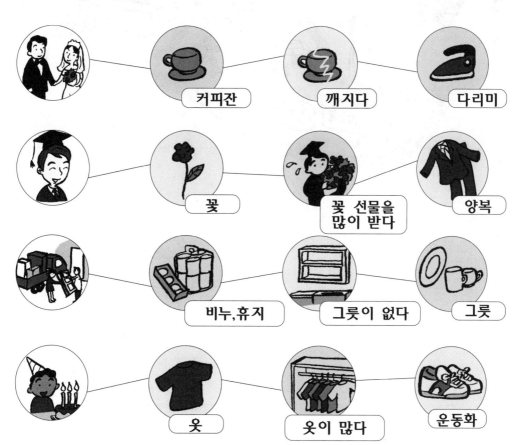

함께 이야기해 보세요 一起说

▷ 지도를 보면서 친구와 어떻게 하루를 보낼지 이야기해 봅시다. 제일 먼저 하고 싶은 일부터 순서대로 정하고 그 이유도 이야기해 봅시다.

请与同学看图讨论如何度过一天，把自己最想做的事情按先后顺序排列并说明原因。

-부터   9:00   12:00   14:00   18:00   21:30

-는게 어때요?

-ㄹ까 해요

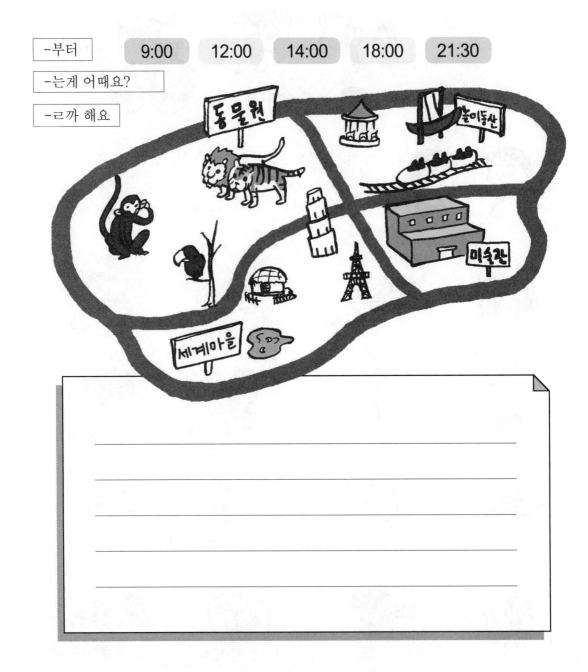

🎧 A4-16

제임스 씨와 사오리 씨가 여행에 대해 이야기합니다.

제임스 　사오리 씨, 내일 휴일인데 뭐 할 거예요?
사오리 　친구랑 설악산에 갈 거예요.
제임스 　내일 날씨가 안 좋을 것 같은데, 괜찮겠어요?
사오리 　시간이 내일밖에 없으니까 안 좋아도 가야 해요.
제임스 　날씨가 안 좋으면 가지 마세요. 위험해요.

설악산에 가다
놀이 공원에 가다
자전거를 타다
인라인스케이트를 타다
야외 콘서트에 가다

날씨가 안 좋다
눈이 많이 오다
비가 오다
바람이 많이 불다
사람이 많다

위험하다
오래 기다리다
춥다
힘들다

잘 들어 보세요 请听录音 🎧 A4-17

▷ 다음을 듣고 질문에 답하세요. 听录音并回答问题。

(1) 진수 씨는 왜 사오리 씨에게 전화했습니까?

镇秀为什么给沙织打电话?

① 사오리 씨를 생일잔치에 부르려고

② 사오리 씨가 바쁘니까

③ 사오리 씨가 늦을 것 같아서

④ 사오리 씨를 졸업식에 부르려고

(2) 진수 씨는 누구에게 먼저 전화를 했습니까?

镇秀先给谁打了电话?

① 유미   ② 사오리

③ 왕호   ④ 제임스

(3) 졸업식은 몇 시부터 시작합니까?

毕业典礼几点开始?

① 9시   ② 10시

③ 11시   ④ 12시

함께 이야기해 보세요 一起说

▷ 그림을 보고 '-아/어/여도'를 사용해서 친구와 이야기를 만들어 봅시다.

看图用 "-아/어/여도" 与同学练习对话。

예)

가 : 숙제가 어려워서 하기 싫어요.

나 : 안 돼요. _____

가 : _____

(1)

가 :

나 :

가 :

(2)

가 :

나 :

가 :

(3)

가 :

나 :

가 :

(4)

가 :

나 :

가 :

함께 이야기해 보세요 一起说

▷ 처음 기숙사에 온 친구에게 해도 되는 것과 하면 안 되는 것을 이야기해 주세요.

请向第一次来宿舍的同学说明哪些事情可以做，哪些事情不能做。

가: 방에서 담배 피워도 돼요?

나: 아니요, 방에서 담배 피우면 안 돼요.

가: 휴게실에서 이야기해도 돼요?

나: 네, 이야기해도 돼요.

-아/어도 돼요?

-(으)면 안 돼요.

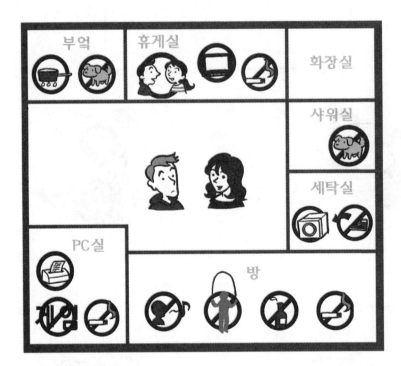

백화점에서

입어 보다

교환하다

환불하다

수영장에서

5 문제 해결 解决问题

▷ 이럴 때는 어떻게 합니까? 친구와 이야기해 보세요.
遇到下图中的情况，应该怎么办？请和同学一起讨论。

열이 나다

기분이 좋다

배가 아프다

눈이 오다

비가 오다

기분이 나쁘다

5-1 힘들 때에는 어떻게 해요?
累的时候你会怎么办？

▷ 힘들 때에는 어떻게 합니까? 친구들과 이야기해 보세요.

累的时候你会怎么办? 请和同学一起讨论。

요즘 날씨가 많이 덥습니다. 제임스 씨와 왕호 씨가 이야기를 합니다.

제임스 　왕호 씨, 날씨가 많이 더워졌지요?

왕 호 　네, 많이 더워졌어요.

제임스 　날씨가 더워서 공부하기 힘들지요?

왕 호 　네, 고향보다 많이 더워서 힘들어요.

제임스 　더워서 공부하기 힘들 때에는 어떻게 해요?

왕 호 　더울 때엔 샤워를 하고 나서 수박을 먹어요.
　　　　그러면 시원해져요.

 잘 들어 보세요 请听录音 　A4-19

1. 잘 듣고 따라해 보세요. 听录音并跟读。

(1) 더울 때엔 샤워를 하고 나서 수박을 먹어요.

(2) 힘들 때엔 부모님께 전화합니다.

(3) 이해하기 어려울 때엔 선생님께 물어 봅니다.

(4) 가: 감기때문에 목이 많이 아파요.

나: 목이 많이 아플 때엔 따뜻한 물을 드세요.

2. 잘 듣고 써 보세요. 听录音并填空。

(1) 가: 공부가 안 되면 어떻게 합니까?

나: ＿＿＿＿＿＿＿＿＿＿＿＿＿＿＿ 친구와 영화를 봅니다.

(2) 가: 단어가 어려우면 어떻게 합니까?

나: ＿＿＿＿＿＿＿＿＿＿＿＿＿＿ 사전을 찾습니다.

5-2 잠을 못 잤거든요
没睡好觉

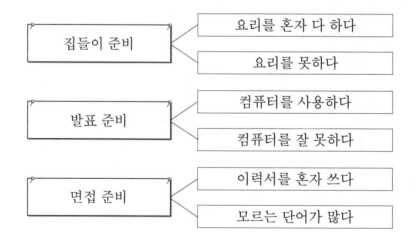

A4-20

제임스 씨가 사오리 씨를 만났습니다. 사오리 씨가 피곤해 보입니다.

제임스 사오리 씨, 힘이 없어 보이는데 왜 그래요?

사오리 어제 이사 준비하느라고 잠을 못 잤거든요.

제임스 이삿짐은 다 쌌어요?

사오리 네, 다 쌌어요.

제임스 그런데 짐은 혼자 다 옮길 수 있어요?

사오리 큰 짐이 많아서 걱정이에요.

제임스 그러면 왕호 씨와 제가 도와 드릴게요. 너무 걱정하지 마세요.

| 집들이 준비 | 요리를 혼자 다 하다 |
| | 요리를 못하다 |

| 발표 준비 | 컴퓨터를 사용하다 |
| | 컴퓨터를 잘 못하다 |

| 면접 준비 | 이력서를 혼자 쓰다 |
| | 모르는 단어가 많다 |

잘 들어 보세요 请听录音 🎧 A4-21

▷ 다음을 듣고 질문에 답하세요. 听录音并回答问题。

(1) 진수 씨는 무엇을 합니까? 振洙在干什么?

① 텔레비전을 봅니다.

② 설거지를 합니다.

③ 청소기로 청소를 합니다.

④ 음악을 듣습니다.

(2) 음악 소리는 처음부터 컸습니까? 音乐声从一开始就很大吗?

① 예 　　② 아니오

(3) 진수 씨는 왜 소리를 크게 했습니까? 振洙为什么把声音调大了?

① 빗소리가 너무 커서

② 청소기 소리가 너무 커서

③ 설거지 소리가 너무 커서

④ 음악 소리가 너무 커서

(4) 음악 소리가 너무 크면 어떻게 됩니까?

如果音乐声过大会怎么样?

(　　)가 나빠집니다.

함께 이야기해 보세요 一起说

▷ 그림을 보면서 친구와 이야기해 봅시다.

看图与同学练习会话。

	친구 1	친구 2	친구 3
어떻게 하면 -아/어/여져요?			

▷ 그림을 보면서 친구와 이야기해 봅시다.

看图与同学练习会话。

> 가 : 왜 지각을 했습니까?
> 나 : 죄송합니다. 버스를 놓쳤거든요.

6 휴가 계획 假期计划

1. 유미코 씨는 인터넷으로 무엇을 하고 있습니까?

由美子在网上做什么?

① 게임 　　　　　② 채팅

③ 예약 　　　　　④ 휴가 준비

2. 유미코 씨는 왜 인터넷 쇼핑몰에서 물건을 삽니까?

由美子为什么要在网上买东西?

① 물건이 많고 편해서 　　② 물건이 싸서

③ 물건이 좋아서 　　　　④ 물건이 많아서

3. 휴가는 언제입니까?

假期什么时候开始?

① 8월 11일 　　　　② 8월 12일

③ 8월 13일 　　　　④ 8월 14일

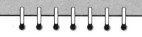

6-1 여행을 가기로 했어요
我要去旅游

▷ 무엇을 하기로 했습니까? 친구들과 이야기해 보세요.

遇到下图中的场景, 你会怎么做? 请和同学一起讨论。

-기로 했어요

-ㄴ 적이 있어요?

-ㄹ 만한 곳은 어디예요?

휴가　생일　방학

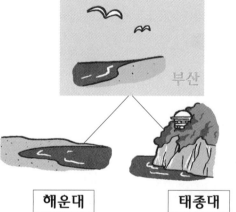
부산

강남

해운대　**태종대**　**코엑스**　**롯데월드**

강원도

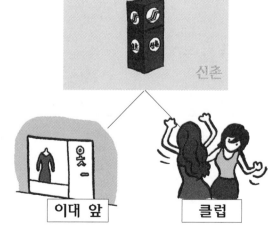
신촌

속초　**설악산**　**이대 앞**　**클럽**

다음 주가 휴가입니다. 유미코 씨와 안젤라 씨가 휴가 계획에 대해 이야기합니다.

안젤라　유미코 씨, 다음 주가 휴가인데 계획 있어요?

유미코　네, 친구들과 여행을 가기로 했어요.

안젤라　어디로 갈 거예요?

유미코　부산에 가기로 했어요. 안젤라 씨는 부산에 가 본 적이 있어요?

안젤라　작년에 가 본 적이 있어요. 참 좋았어요.

유미코　부산에서 가 볼 만한 곳은 어디예요?

안젤라　해운대와 태종대가 가 볼 만해요.

 ## 잘 들어 보세요 请听录音 A4-24

1. 잘 듣고 따라해 보세요. 听录音并跟读。

　(1) 저녁을 먹기로 했어요.

　(2) 설악산에 가기로 했거든요.

　(3) 친구와 책을 읽기로 했어요.

　(4) 가: 친구와 무슨 노래를 듣기로 했어요?

　　　나: 친구와 한국 노래를 듣기로 했어요.

2. 잘 듣고 써 보세요. 听录音并填空。

　(1) 설악산에 ＿＿＿＿＿＿＿ 했거든요.

　(2) 저녁을 ＿＿＿＿＿＿＿ 했어요.

　(3) 가: 어떤 옷을 입을 거예요?

　　　나: 청바지와 티셔츠를 ＿＿＿＿＿＿＿ 했어요.

함께 이야기해 보세요 一起说

▷ 파티를 한 적이 있습니까? 친구를 위해 파티 준비를 해 보세요.

你有没有举办过派对? 请说一说如何为朋友准备派对。

	①	②	③	④
파티 목적				
날짜				
올 사람				
필요한 물건				
필요한 돈				
기타				

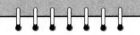

6-2 지리산으로 해서 남원으로 가요
先去智异山，再去南原

A4-25

방학이 끝나고 제임스 씨와 사오리 씨가 만났습니다.

사오리   제임스 씨, 방학 잘 보냈어요? 재미있는 일 많았어요?

제임스   진수 씨와 같이 여행 갔다 왔어요.

사오리   어디에 갔다 왔어요?

제임스   남원에 갔다 왔어요. 먼저 고속버스를 타고 지리산에 갔어요.
지리산으로 해서 남원에 갔어요.

사오리   남원에서는 뭐 했어요?

제임스   남원에 도착하자마자 사진을 찍으면서 구경했어요.

사오리   다음에 사진을 보여 주세요.

방학
휴가
주말
연휴

지리산 → 남원
독일 → 체코
남대문 시장 → 명동
서귀포 → 한라산
충무로 → 남산
도서관 → 학교 식당

잘 들어 보세요 请听录音

▷ 다음을 듣고 질문에 답하세요. 听录音并回答问题。

(1) 사오리 씨는 왜 여행사에 갑니까? 沙织为什么去旅行社？
    ① 친구를 만나려고
    ② 비행기표를 사려고
    ③ 기차표를 사려고
    ④ 여행사에서 일하기 때문에

(2) 사오리 씨는 언제 제주도에 갑니까? 沙织什么时候去济州岛？
    ① 토요일과 일요일   ② 내일
    ③ 방학   ④ 연휴

(3) 사오리 씨는 누구와 제주도 여행을 할 겁니까? 沙织会和谁去济州岛旅游？
    ① 서울에 사는 친구   ② 일본에 사는 친구
    ③ 함께 사는 친구   ④ 제주도에 사는 친구

(4) 사오리 씨는 제주도에 도착하면 제일 먼저 어디에 갈 겁니까?
    沙织到济州岛之后，先去哪里？
    ① 민속촌   ② 서귀포
    ③ 성산포   ④ 한라산

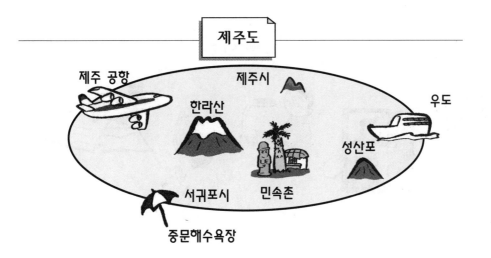

함께 이야기해 보세요 一起说

▷ 〈보기〉에서 그림을 찾아 이야기해 보세요.
　仿照例句，在 "보기" 中找出与四个场景相对应的图片练习会话。

친구와 싸우고 혼자 집에 왔다.
집에 오자마자 친구에게 전화했어요.

집에 가스불을 켜고 슈퍼마켓에 갔다.

여름에 운동을 해서 땀이 많이 났다.

어머니께 말씀 드리지 않고 여행을 갔다.

책을 친구가 선물했다.

보기

▷ 처음 본 사람에게 길을 물어 보세요. 길을 물어 본 사람에게 가르쳐 주세요.

请尝试向陌生人问路或给别人指路。

가 : 군포에서 수리산으로 어떻게 가요?
나 : 금정역으로 해서 수리산역으로 가요.

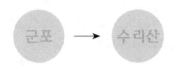

가 : _____
나 : _____

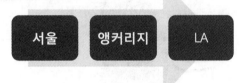

가 : _____
나 : _____

가 : _____
나 : _____

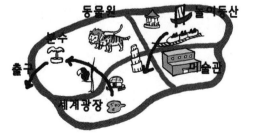

7

출장　出差

1. 여기는 어디입니까?

2. 이 사람은 무엇을 하고 있습니까?

3. 무엇을 하려고 여기에 왔을까요?

7-1 출장 가게 되었거든요
我要去出差

▷ 왜 거기에 있습니까? 이유를 말해 보세요.
　请说一说下图中的人为什么会出现在右侧场景里。

-게 되었거든요. 그래서

일요일, 회사

서울 　도쿄
출장을 가다

밤 11시, 도서관

말하기 대회에 나가다

밤 10시, 노래방

수료식 날 노래를 부르다

새벽 7시, 영어 학원

ABC

외국인에게 안내를 하다

안젤라 씨가 강민 씨에게 전화를 했습니다.

안젤라 　강민 씨, 지금 어디 계세요?

강 민 　회사에 있는데요.

안젤라 　휴일인데 왜 회사에 가셨어요?

강 민 　갑자기 도쿄로 출장 가게 되었거든요.
　　　　그래서 출장 준비를 하러 왔어요.

안젤라 　인라인스케이트를 함께 타려고 전화했는데, 안 되
　　　　겠네요.

강 민 　네, 오늘은 안 되겠어요. 다음에 타기로 해요.

안젤라 　네, 그렇게 해요.

잘 들어 보세요 请听录音 　A4-28

1. 잘 듣고 따라해 보세요. 听录音并跟读。

(1) 갑자기 도쿄로 출장 가게 되었거든요.

(2) 일이 있어서 숙제를 못 했거든요.

(3) 바빠서 아침 식사를 못 했거든요.

(4) 가: 커피 왜 안 마셔요?

　　나: 아까 마셨거든요.

2. 잘 듣고 써 보세요. 听录音并填空。

(1) 가: 수미 씨는 그 영화 안 봐요?

　　나: 그 영화를 _____.

(2) 가: 시험을 잘 보지 못했어요?

　　나: 공부를 안 _____.

함께 이야기해 보세요 一起说

▷ 그림을 보고 친구와 이야기해 보십시오. 무엇을 해야 합니까?

  请看图和同学一起练习对话，遇到下图中的情景，应该做些什么？

1.

가 : 제 중국 친구가 한국에 오게 되었어요.

나 : 그 친구는 한국말을 할 줄 알아요?

가 : 네, 할 줄 알아요. / 아니요, 할 줄 몰라요.

나 : 그럼, 괜찮겠네요. / 그럼, 한국어를 배워야 해요.

⎡ -게 되다 ⎤

⎡ -ㄹ 줄 알다 ⎤

2.

3.

4.

5.

A4-29

브랜든 씨가 강민 씨와 약속을 했습니다. 브랜든 씨가 늦을 것 같아서 전화를 합니다.

브랜든 지금 어디 계십니까? 도착하셨습니까?

강 민 가고 있는데 길을 몰라서 10분쯤 늦을 것
같습니다. 죄송합니다.

브랜든 아닙니다.
저도 차가 막혀서 조금 늦을 것 같습니다.
비가 많이 오니까 밖에서 기다리지 마시고,
빌딩 안에서 기다리십시오.

강 민 네, 알겠습니다. 못 찾으면 다시 전화 드리겠습니다.

브랜든 이따 뵙겠습니다.

길을 모르다

교통사고가 나다
비가 많이 오다
공사를 하다
차가 막히다

10분쯤

1시간쯤
30분쯤
15분쯤

비가 많이 오다

날씨가 덥다
눈이 오고 춥다
사람들이 많다
시끄럽다

잘 들어 보세요 请听录音 A4-30

▷ 다음을 듣고 질문에 답하세요. 听录音并回答问题。

(1) 캐빈 씨는 이번 휴가 때 고향에 갑니까? 这个假期，凯宾会回家吗？

　　① 예　　　　　　　② 아니오

(2) 캐빈 씨는 왜 고향에 가지 못합니까? 凯宾为什么不能回家？

　　① 일이 많아서　　　② 친구가 많아서

　　③ 표가 없어서　　　④ 시험이 있어서

(3) 나미 씨는 캐빈 씨의 무엇을 걱정하고 있습니까? 娜美在为凯宾的什么事担心？

　　① 휴가　　　　　　② 감기

　　③ 일　　　　　　　④ 출장

(4) 캐빈 씨는 언제쯤 고향에 갈 수 있을까요? 凯宾大概什么时候可以回家？

　　① 휴가　　　　　　② 연말

　　③ 생일　　　　　　④ 추석

함께 이야기해 보세요 一起说

▷ 그림을 보면서 한국어를 배워서 달라진 것을 서로 이야기해 봅시다.

请看图说一说学韩国语之后发生了哪些变化。

▷ 달라진 것에 대해 이야기하고 표에 써 보십시오.

请看图说一说发生了哪些变化并填写表格。

이름	한국어를 배우기 전	한국어를 배워서 달라진 것

1. 한국어를 배워서 제일 달라진 사람은 누구입니까?

   学习韩国语之后，变化最大的是谁?

2. 좋은 점이 많아진 사람은 누구입니까?

   谁的优点变多了?

3. 안 좋은 점이 많아진 사람은 누구입니까?

   谁的缺点变多了?

4. 달라지지 않은 사람은 누구입니까?

   没有发生变化的是谁?

5. 가장 재미있는 대답을 한 사람은 누구입니까?

   谁的回答最有意思?

6. 가장 재미있는 대답을 말해 보세요.

   请描述一下最有意思的回答。

8 수료식 结业典礼

1. 수료식 날 무엇을 합니까?

2. 수료식이 끝나고 나서 무엇을 할 계획입니까?

8-1 친구랑 연습해야겠어요
得和同学练一练

▷ 오늘 누구와 무엇을 할 것인지 이야기해 봅시다.

请说一说你今天计划和谁做什么。

도서관에 가다 — 친구 — 숙제하다

저녁 식사를 준비하다 — 같은 방 친구 — 요리하다

집에 일찍 가다 — 같은 방 친구 — 청소하다

회사에서 일하다 — 출장가다

크리스마스 파티 준비를 하다 — 우리집에서 파티를 하다

일주일 후에 수료식이 있습니다. 수료식 날 연극을 하기로 했습니다.

사오리 제임스 씨, 연극 연습 다 했어요?

제임스 아니요. 아직 다 못 했어요. 사오리 씨는요?

사오리 저는 저녁에 왕호 씨랑 만나서 같이
연습하기로 했어요.
아마 밤 10시까지는 해야 할 거예요.

제임스 많이 힘들겠군요.
저도 오늘부터 친구랑 연습해야겠어요.

사오리 연습하다가 배 고프면 전화하세요. 같이 간식 먹어요.

잘 들어 보세요 请听录音 A4-32

1. 잘 듣고 따라해 보세요. 听录音并跟读。

(1) 친구랑 연습해야겠어요.

(2) 부모님을 만나러 집에 가야겠어요.

(3) 한국에서 재미있게 지내야겠어요.

(4) 가: 오늘 저녁에 비가 올 거예요.

　　 나: 그럼, 우산을 가지고 가야겠어요.

2. 잘 듣고 써 보세요. 听录音并填空。

(1) 가: 요즘 이사하느라고 힘들었지요?

　　 나: 네. 그래서 주말에 ＿＿＿＿＿＿＿.

(2) 가: 다음 주에 시험을 볼 거예요.

　　 나: 열심히 ＿＿＿＿＿＿＿.

함께 이야기해 보세요 一起说

▷ '가'와 같은 일이 있으면 어떻게 할 거예요? '나'에서 골라 말해 보세요.

　如果发生"가"中的情况，你会怎么做？请从"나"中选出合适的图片说一说。

8-2 우는 척했어요
我是假装哭的

A4-33

왕호 씨가 수료식에서 연극을 했습니다. 연극이 끝나고 소라 씨를 만났습니다.

소라　와, 왕호 씨, 연극 정말 잘 봤어요.
왕호　그래요? 고마워요.
소라　연습 많이 했나 봐요.
왕호　네, 일주일 동안 밤늦게까지 연습을 했어요.
소라　그런데 아까 연극할 때 진짜 울었어요?
왕호　아니에요. 우는 척했어요.
소라　진짜 우는 것 같았어요.

넘어지다

키스하다

때리다 — 맞다

자다

배가 아프다

잘 들어 보세요 请听录音 A4-34

▷ 다음을 듣고 질문에 답하세요.

听录音并回答问题。

(1) 어제 홍대 앞에 가지 않은 사람은 누구입니까?

昨天没去弘大的是谁?

① 제임스   ② 사오리

③ 왕호   ④ 이소라

(2) 홍대 앞에서 쇼핑을 한 사람은 누구입니까?

谁在弘大前购物了?

① 제임스와 왕호   ② 사오리와 친구

③ 이소라와 사오리   ④ 이소라와 친구

(3) 먼저 손을 흔든 사람은 누구입니까?

先挥手的人是谁?

① 제임스   ② 왕호

③ 이소라의 친구   ④ 이소라

(4) 왜 제임스 씨는 손을 흔들지 않았습니까?

为什么詹姆斯没挥手?

① 이소라 씨가 친구와 함께 있었기 때문에

② 왕호 씨가 이소라를 좋아하지 않기 때문에

③ 이야기를 하다가 보지 못해서

④ 다른 생각을 하다가 늦게 봐서

함께 이야기해 보세요 一起说

1. 버스나 지하철에서 할아버지 할머니에게 자리를 양보해야 합니다. 지하철에 할아버지께서 타십니다. 그런데 어떤 사람들은 자리를 양보하기가 싫습니다. 어떤 행동을 하고 있습니까?

在公交或地铁上，年轻人应该给老人让座。下图中，地铁里上来一位老爷爷，但是有人不愿意让座，他们都在做什么？

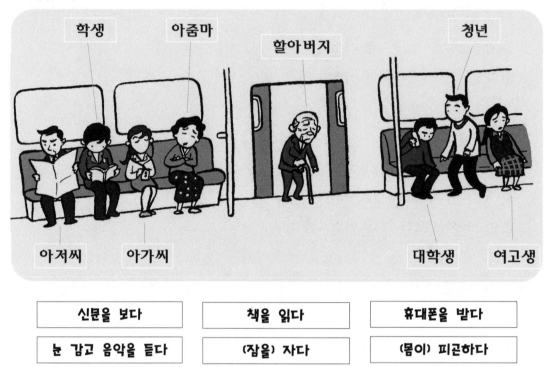

신문을 보다	책을 읽다	휴대폰을 받다
눈 감고 음악을 듣다	(잠을) 자다	(몸이) 피곤하다

아저씨는 신문을 보는 척해요.

2. 친구와 쇼핑 약속을 했어요. 그런데 가고 싶지 않아요. 그러면 어떻게 해요? 이야기해 봅시다.

你和朋友约好去购物，但是突然不想去了，你该怎么办？请说一说。

제임스	
왕홍	

9 기간 期间

1. 언제부터 자전거를 타기 시작했습니까?

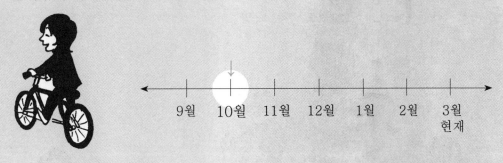

9월　10월　11월　12월　1월　2월　3월
현재

2. 결혼한 지 얼마나 됐습니까?

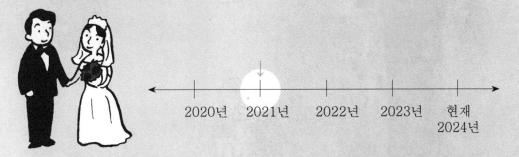

2020년　2021년　2022년　2023년　현재
2024년

3. 여자 친구를 사귄 지 얼마나 됐습니까?

1월
10일 11일 12일 13일 14일 15일 16일 17일 18일
현재

9-1 자전거 탄 지 십 년이 되었어요
骑 自 行 车 十 年 了

▷ 이것을 할 줄 압니까? 언제부터 했습니까?

你会做下面这些事吗? 是从什么时候开始的?

오래되었습니다

-밖에 안 되었어요

얼마 안 되었어요

-(으)ㄴ 지 얼마나 되었습니까?

사오리 씨와 이소라 씨가 자전거를 타면서 이야기를 합니다.

사오리 소라 씨, 자전거를 잘 타네요.
　　　 자전거 탄 지 얼마나 되었어요?
이소라 자전거 탄 지 10년이 되었어요.
사오리 그래서 잘 타는군요.
이소라 아니에요. 오랜만에 타서 잘 못 타겠어요.
사오리 얼마 만에 타는 거예요?
이소라 3년 만에 타는 거예요. 그래서 아까 넘어질 뻔했어요.
사오리 그래요? 조심하세요.

 잘 들어 보세요 请听录音 A4-36

1. 잘 듣고 따라해 보세요. 听录音并跟读。

(1) 자전거를 타다가 넘어질 뻔했어요.
(2) 대학 입학 시험에서 떨어질 뻔했어요.
(3) 여자 친구와 헤어질 뻔했는데 안 헤어졌어요.
(4) 가: 지하철에 사람이 많지요?
　　 나: 네. 못 내릴 뻔했어요.

2. 잘 듣고 써 보세요. 听录音并填空。

(1) 가: 길이 많이 막혔어요?
　　 나: 네. 너무 막혀서 약속에 _____.
(2) 가: 많이 놀라셨어요?
　　 나: 네. 너무 놀라서 휴대전화를 _____.

A4-37

제임스 씨가 카메라를 사기 위해 용산에 갔다 왔습니다.

이강민 제임스 씨, 어디에 갔다 왔어요?

제임스 카메라를 사기 위해 용산에 갔다 왔어요.

이강민 카메라 사셨어요?

제임스 카메라는 샀는데, 큰일날 뻔했어요.

이강민 왜요? 무슨 일 있었어요?

제임스 길을 잃어버릴 뻔했거든요. 전자 상가도 1시간 만에 찾았어요.

이강민 용산은 사람이 많고 길이 복잡해요. 그래서 길을 찾기 힘들어요.

용산 — 전자 상가

동대문 — 쇼핑몰
강남역 — 파티 장소
공항 — 출입구

카메라를 사다

친구를 만나다
크리스마스 파티를 하다
부모님을 만나다

길을 잃어버리다

지갑을 잃어버리다
지하철에서 못 내리다
가다가 넘어지다

사람이 많고 길이 복잡하다

건물과 사람이 많다
지하철 안에 사람이 많다
길이 위험하다
차가 많고 사람이 많다

잘 들어 보세요 请听录音 🎧 A4-38

▷ 다음을 듣고 질문에 답하세요.

听录音并回答问题。

(1) 왕호 씨와 사촌 동생은 몇 년만에 만났습니까?

王浩和表弟多久没见面了?

① 6개월　　② 1년　　③ 2년　　④ 3년

(2) 왕호 씨는 왜 한국에 왔습니까?

王浩为什么来韩国?

① 사촌동생을 만나기 위해

② 한국말을 공부하기 위해

③ 무역을 배우기 위해

④ 고등학교에 가기 위해

(3) 왕호 씨와 사촌 동생은 왜 친합니까?

为什么王浩和表弟关系很好?

① 같이 살기 때문에

② 사촌동생이 키가 크기 때문에

③ 집이 가깝기 때문에

④ 형제가 없기 때문에

(4) 왕호 씨는 왜 사촌 동생을 만나지 못할 뻔했습니까?

为什么王浩差点儿就见不到表弟了?

① 사촌동생이 키가 커서

② 시간이 없어서

③ 사람이 많아서

④ 사촌동생이 아파서

함께 이야기해 보세요 一起说

1. 오늘 아침에 우리 반 친구에게서 일어난 일이에요. 무슨 일이 있었는지 이야기해 보세요.
   下面是今天早上发生在同学们身上的事，请说一说到底发生了什么。

2. 왜 갔는지 묻고, 간 이유를 말해 보세요.

请向同学询问去某地的理由。

어떻게 오셨습니까?

-기 위해

10 비교 比较

▷ 아래 그림은 어떻게 다릅니까? 두 그림을 비교해 보세요.
　请比较下列图片有什么不同。

10-1 예전 집에 비해 좋아요
比以前的房子好

▷ 아래에 두 집이 있습니다. 두 집은 어떻게 다릅니까? 비교해 보세요.

下边有两列与房屋有关的图片，请比较它们的不同。

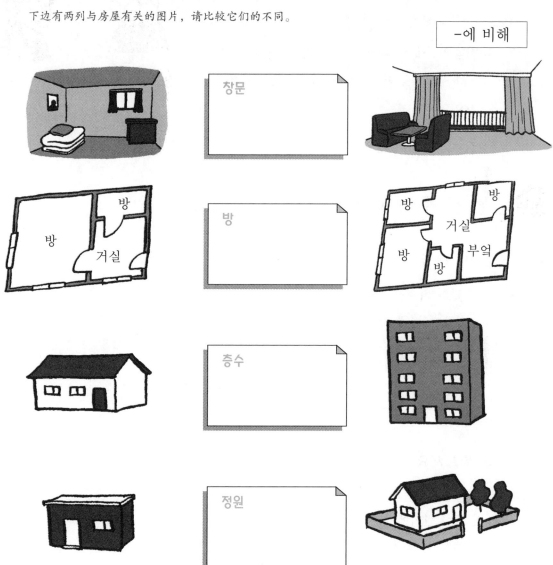

왕호 씨는 사오리 씨와 이사한 집에 대해 이야기합니다.

왕 호 사오리 씨, 이사한 집은 어때요?
사오리 이사한 집은 예전 집에 비해서 크고 밝아요.
　　　그리고 화장실도 혼자 쓸 수 있어서 좋아요.
왕 호 그럼 집값이 많이 비싸겠네요.
사오리 아니에요. 집값은 같아요.
왕 호 집이 크고 좋은데 집값이 같아요?
사오리 하지만 불편한 것도 있어요. 집이 커서 청소하기 조금 힘들어요.

 ## 잘 들어 보세요 请听录音 A4-40

1. 잘 듣고 따라해 보세요. 听录音并跟读。

(1) 집값이 많이 비싸겠네요.

(2) 신발값은 냈으니까 옷값만 내세요.

(3) 값을 깎아 주세요.

(4) 가: 과일을 사셨어요?

　　나: 값이 비싸서 못 샀어요.

2. 잘 듣고 써 보세요. 听录音并填空。

(1) 가: _____ 얼마예요?

　　나: 만 오천 원이에요.

(2) 가: 모두 얼마예요?

　　나: 맥주 2병_____ 주세요. 안주는 서비스예요.

함께 이야기해 보세요 一起说

▷ 함께 이야기해 보십시오.
  请讨论。

우리 집	
친구의 집	

우리 집	
친구의 집	

우리 집	
친구의 집	

우리 집	
친구의 집	

10-2 떡을 사다가 떡볶이를 해 먹어요
买年糕做炒年糕吃

A4-41

유미코 씨가 사오리 씨와 전화로 이야기합니다.

사오리 잘 들어갔어요?

유미코 네, 잘 들어왔어요. 그런데 집에 먹을 게 하나도 없네요.

사오리 그럼 밖에서 사 먹지 그러세요.

유미코 어제도 사 먹어서 오늘은 사 먹기 싫어요.

사오리 그럼 집에서 해 먹는 것은 어때요?

유미코 떡볶이가 먹고 싶은데 떡을 사다가 해 먹어야겠어요.

사오리 유미코 씨가 만들면 시장의 떡볶이에 비해서 맛있을 거예요.

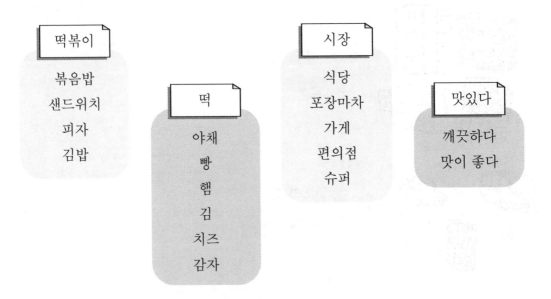

떡볶이
볶음밥
샌드위치
피자
김밥

떡
야채
빵
햄
김
치즈
감자

시장
식당
포장마차
가게
편의점
슈퍼

맛있다
깨끗하다
맛이 좋다

잘 들어 보세요 请听录音 A4-42

▷ 다음을 듣고 질문에 답하세요.

听录音并回答问题。

(1) 왕리 씨는 지금 무엇을 하고 있습니까?

王理现在在做什么?

① 대학교 시험을 보고 있습니다.

② 대학원 시험을 보고 있습니다.

③ 취직 시험을 보고 있습니다.

④ 입학 시험을 보고 있습니다.

(2) 왕리 씨는 왜 한국말을 배우게 되었습니까?

王理为什么学习韩国语?

① 대학교에 가려고　　　　② 대학원에 가려고

③ 대학교를 졸업하려고　　④ 한국 회사에서 일하려고

(3) 왕리 씨는 한국에 온 지 몇 년이 되었습니까?

王理来韩国几年了?

① 1년　　　　　　　　② 2년

③ 3년　　　　　　　　④ 4년

(4) 다음을 잘 듣고 맞으면 ○, 틀리면 × 하세요.

判断。

① 왕리 씨는 중국 사람입니다. (　　　　)

② 왕리 씨는 한국 회사에서 일하고 싶어합니다. (　　　　)

③ 왕리 씨는 한국말을 아주 잘합니다. (　　　　)

④ 중국은 다른 나라에 비해 한국과 가깝습니다. (　　　　)

함께 이야기해 보세요 一起说

▷ 주사위를 던져 나온 숫자만큼 가세요. 배운 표현을 사용해서 정확히 이야기해 보세요.

请掷色子并根据所掷点数走棋，走到哪一格就按照相应提示运用所学语法完成句子。

←도착 ↓출발	춤을 추거나 노래를 해 보세요. +1/-4	지금 사는 방에 대해 설명해 주세요. -(으)ㄴ 편이다 -에 비해서 +2 /-2	오늘 옆에 앉은 친구를 소개해 보세요. -처럼(같이) -아/어 보이다 (옷, 색깔 단어 사용) +1 / -1

지난 주말에 무엇을 했습니까?

-(-으)ㄴ 후에
-고 나서/-(으)면서
+1 / -1

지금까지 여행해 본 곳 중에서 어디가 제일 아름다웠어요?

-중에서
+1 / -1

결혼할 사람에게 프러포즈해 보세요.

-(으)ㄹ게요
+1 / -1

이번 주말 계획에 대해서 말해 주세요.

-(으)ㄹ까 하다
-기로 하다
+2/ -2

한국어를 잘 못해서 실수한 적이 있어요? 발음이 비슷한 단어 때문에 실수한 이야기를 해 주세요.

-(으)ㄹ 뻔하다
+2 / -1

첫사랑에 대해 말해 주세요.

+3 / -3

나중에 남편/부인이 어땠으면 좋겠어요?

-았으면 좋겠어요
+1 / -2

중국에서 갈 만한 곳을 이야기해 주세요.

-(으)ㄹ 만한
-(으)ㄹ 만해요
+1/-1

중국에서 하면 안 되는 것을 말해 주세요.

-(으)면 안 되다
+1 / -1

가장 좋아하는 사람은 누구입니까?

-아/어서
-거든요
+1 / -1

听力文本与答案

1 美发

A4-02

2.

(1) 가: 쇼핑을 많이 했어요?

　　나: 날씨가 더워져서 짧은 치마와 셔츠를 한 장 샀어요.

(2) 가: 어떤 책을 빌려 줄까요?

　　나: 내용이 긴 책은 읽기가 어려우니까 짧고 쉬운 책을 빌려 주세요.

A4-04

(1) ①

(2) ①

(3) ①○　②×　③×　④○　⑤×

희선 씨가 마이클 씨의 사진을 보고 이야기를 합니다.

희　선: 이 사진은 마이클 씨의 여동생 사진인가요?

마이클: 아니, 제 사진이에요.

희　선: 마이클 씨 아닌 것 같아요. 여자 같아 보여요.

마이클: 제가 대학생 때 무용을 했어요. 그래서 머리를 안 잘랐어요.

희　선: 그럼, 이분은 마이클 씨의 형이에요?

마이클: 아니에요. 우리 아버지세요.

희　선: 어머, 너무 젊어 보이세요. 연세가 어떻게 되세요?

마이클: 쉰일곱이세요.

희　선: 농구 선수처럼 키가 크시네요. 그리고 아주 젊어 보이세요.

마이클: 네, 그런 이야기를 많이 들어요.

희　선: 마이클 씨는 누구를 닮았어요?

마이클: 저는 어머니를 많이 닮았어요.

熙善（和迈克）看着迈克的照片聊天。

熙善：迈克，这是你妹妹吗？

迈克：不，是我。

熙善：不像你啊，看起来像位女士。

迈克：我大学时跳过舞，所以（那时）没剪头发。

熙善：那么，这是你哥哥吗？

迈克：不，是我爸爸。

熙善：哎呀，看起来好年轻啊，多大年纪了？

迈克：57岁。

熙善：（你爸爸）长得像篮球运动员一样高啊，而且看起来很年轻。

迈克：是的，我经常听到这样的说法。

熙善：你长得像谁？

迈克：我长得像我妈妈。

2 国外生活

A4-05

1. 농구　2. 잘 못하는 편입니다.　3. 없습니다

은영: 와, 장스 씨, 농구를 정말 잘하는군요.

장스: 뭘요. 별로 잘 못해요.

은영: 아니에요. 마이클 저던 같은데요.

장스: 고마워요. 운동은 모두 좋아하는 편이에요. 다음에 같이 농구 경기 한번 보러 갈래요?

은영: 농구 경기요? 한번도 본 적이 없어요.

장스: 농구 경기를 보면서 응원을 하면 스트레스가 풀려요. 정말 볼 만해요.

은영: 그럼 같이 한번 가요.

恩英: 哇, 杰森, 你篮球打得真好。

杰森: 哪儿啊, 我还不太会玩儿。

恩英: (你打得)像迈克尔·乔丹(一样好)。

杰森: 谢谢, 各种运动我都很喜欢。下次咱们一起去看篮球比赛吧?

恩英: 篮球比赛? 我还没看过呢。

杰森: 边看比赛边加油, 可以缓解压力, 非常值得一看。

恩英: 那我们下次一起去吧。

A4-07

2.

(1) 가: 숙제하느라고 2시간밖에 못 잤어요.

　　나: 그럼 아주 피곤하겠군요.

(2) 가: 이 책은 한자가 많아요.

　　나: 많이 어렵겠군요.

A4-09

(1) ④

(2) ①

(3) ①　③　⑤

(4) ①✕　②○　③✕

직　원: 네, 성균 여행사입니다.

마이클: 안녕하세요. 저는 마이클 볼튼이라고 합니다. 성균 여행사에서 일하고 싶어서 전화했는데요.

직　원: 네, 7월 1일부터 7월 6일까지 이력서를 내시면 됩니다. 이메일로 보내 주십시오.

마이클: 이력서를 내려면 무엇이 필요한가요?

직　원: 연락처와 사진이 필요합니다. 그런데 외국 분이신가요?

마이클: 네, 미국에서 왔는데 다음달에 성균관대학교를 졸업합니다.

직　원: 전공은 뭔가요?

마이클: 경영학입니다.

직　원: 그럼 한국어는 어느 정도 하시나요?

마이클: 대학교에서 경영학을 공부하기 전에 한국어를 1년 반 동안 공부해서 잘하는 편입니다.

职员: 您好, 这里是成均旅行社。

迈克: 您好, 我叫迈克·波顿, 我想入职成均旅行社。

职员: 好的, 您在7月1日到7月6日提交简历就可以了, 请发电子邮件。

迈克: 简历上需要提供哪些信息?

职员: 需要您的联系方式和照片, 您是外国人吗?

迈克: 是的, 我是美国人, 下个月从成均馆大学毕业。

职员: 您的专业是什么?

迈克: 经营学。

职员：您的韩国语怎么样？

迈克：在进入大学学习经营学之前，我学了一年半的韩国语，水平还是可以的。

3 询问

2.

(1) 가: 학교에서 명동까지 얼마나 걸려요?

　　나: 버스로 40분쯤 걸려요.

(2) 가: 서울에서 부산까지 얼마나 걸려요?

　　나: 부산까지 3시간쯤 걸려요.

(1) ①　　(2) ④

(3) ① ○　　② ×　　③ ×　　④ ○

은　영: 민호 씨. 여기예요.

민　호: 아, 은영 씨, 30분이나 늦어서 정말 미안해요.

은　영: 괜찮아요. 주말이어서 길이 얼마나 복잡한지 몰라요.

민　호: 은영 씨, 이 친구는 미국에서 온 마이클인데 다음달부터 우리 회사에서 일할 거예요. 이 친구와 만나서 같이 오느라고 늦었어요.

은　영: 네. 만나서 반갑습니다.

마이클: 만나서 반갑습니다. 사진보다 훨씬 미인이시네요.

은　영: 감사합니다. 그런데 마이클 씨는 한국어를 아주 잘하시네요.

마이클: 아니에요. 미국에서 민호가 한국어를 잘 가르쳐 줘서 그래요.

민　호: 맞아요. 제가 얼마나 열심히 가르쳤는지 몰라요.

마이클: 네, 감사합니다, 선생님.

恩英：民浩，我在这里。

民浩：啊，恩英，我迟到了30分钟，真是不好意思。

恩英：没关系，周末嘛，路上肯定挺堵的。

民浩：恩英，这是从美国来的迈克，下个月会入职我们公司，（我是）因为见他所以来晚了。

恩英：很高兴见到你。

迈克：很高兴见到你，你比照片上漂亮多了。

恩英：谢谢。迈克，你韩国语说得真好。

迈克：哪儿啊，都是因为在美国时，民浩教得好。

民浩：没错，我教得可认真了。

迈克：谢谢您，老师。

4 计划

2.

(1) 가: 오늘 어디에 가 보고 싶으세요?

　　나: 특별히 가고 싶은 곳은 없는데요.

(2) 가: 주말에 뭘 하세요?

　　나: 특별히 하는 일이 없어요. 집에서 보통 쉬어요.

(1) ④　　(2) ④　　(3) ③

사오리: 여보세요.

진　수: 여보세요. 사오리 씨, 잘 지냈어요?

사오리: 아, 진수 씨, 오랜만이네요.

진　수: 사오리 씨, 내일 바쁜가요?

사오리: 아뇨, 별로 바쁘지 않은데, 왜요?

진　수: 내일 제 졸업식이에요. 오전에 시간이 있으면 오세요.

사오리: 축하해요. 내일 제임스 씨랑 같이 가도 돼요?

진　수: 제임스 씨한테는 벌써 연락했어요.

사오리: 몇 시까지 가면 돼요?

진　수: 졸업식이 11시부터 시작하니까 11시까지 오면 돼요.

사오리: 저는 좀 늦을 것 같은데 괜찮아요?

진　수: 네, 괜찮아요. 하지만 너무 많이 늦으면 안 돼요.

사오리: 알겠어요. 그럼, 내일 만나요.

纱织：喂?

镇秀：喂? 纱织，你好吗?

纱织：啊，镇秀，好久不见。

镇秀：纱织，你明天忙吗?

纱织：不忙，怎么了?

镇秀：明天是我的毕业典礼，如果你上午有空，就过来吧。

纱织：祝贺! 明天我可以和詹姆斯一起去吗?

镇秀：我已经联系过詹姆斯了。

纱织：我得几点到?

镇秀：典礼11点开始，你11点之前到就可以了。

纱织：我可能会晚一点儿，可以吗?

镇秀：没关系，但是不能太晚啊。

纱织：知道了，明天见。

5 解决问题

A4-19

2.

(1) 가: 공부가 안 되면 어떻게 합니까?
　　나: 공부가 안 될 때엔 친구와 영화를 봅니다.

(2) 가: 단어가 어려우면 어떻게 합니까?
　　나: 단어가 어려울 때엔 사전을 찾습니다.

A4-21

(1) ④　　　(2) ②　　　(3) ③

(4) (귀)가 나빠집니다.

어머니: 진수야, 음악 소리가 너무 커.

진　수: 예?

어머니: 음악 좀 작게 들어.

진　수: 저는 별로 크지 않은데요.

어머니: 처음엔 크지 않았는데 점점 커졌어.

진　수: 설거지하는 소리 때문에 음악을 들을 수 없어서요.

어머니: 음악을 크게 들으면 귀가 나빠지기 쉬워.

진　수: 요즘 음악을 크게 들어서 귀가 좀 나빠진 것 같아요.

妈妈：振洙，音乐声太大了。

振洙：什么?

妈妈：音乐声音调小点儿。

振洙：不是很大啊……

妈妈：刚开始不是很大，但是越来越大了。

振洙：您洗碗的声音太大，我都听不了音乐了。

妈妈：音乐声音太大，对听力不好的。

振洙：最近听音乐时音量大，听力好像真有点儿下
降了。

6 假期计划

1.④ 2.① 3.③

장 스: 유미코 씨, 인터넷하세요?

유미코: 친구들과 휴가 때 여행을 가기로
해서 준비하고 있어요.

장 스: 그런데 인터넷으로 준비를 해요?

유미코: 네. 인터넷 쇼핑몰에 물건이 많
아요.

장 스: 저는 인터넷 쇼핑몰에서 물건을
사 본 적이 없어요.

유미코: 정말요? 얼마나 편한데요.

장 스: 그렇군요. 그런데 언제 출발할
거예요?

유미코: 8월 13일에 출발할 거예요.

杰 森：由美子，你在上网吗?

由美子：（是的，）我想和朋友们一起去旅游，正
在做准备呢。

杰 森：你在通过网络做准备吗?

由美子：对，网上可以买到很多东西。

杰 森：我还没在网上买过东西呢。

由美子：真的吗? 网购可方便了。

杰 森：这样啊。你什么时候出发?

由美子：8月13号。

2.

(1) 설악산에 가기로 했거든요.

(2) 저녁을 먹기로 했어요.

(3) 가: 어떤 옷을 입을 거예요?

나: 청바지와 티셔츠를 입기로 했어요.

(1)②   (2)①   (3)④   (4)④

이소라: 사오리 씨, 어디 가세요?

사오리: 비행기표를 사러 여행사에 가요.

이소라: 여행 가세요?

사오리: 다음 주말에 제주도에 가기로 했
어요.

이소라: 제주도에 가 본 적이 없어요?

사오리: 네, 제주도에 가 본 적이 없어요.

이소라: 그럼, 어떻게 여행하실 거예요?

사오리: 제주도에 사는 친구가 있어서 같
이 여행하기로 했어요. 제주시로
해서 서귀포로 갈 거예요.

이소라: 한라산이 참 멋있으니까 꼭 가
보세요.

사오리: 네, 우리는 제주도에 도착하면
한라산부터 가기로 했어요.

李素拉：沙织，你去哪儿?

沙 织：我去旅行社买机票。

李素拉：你要去旅游吗?

沙 织：我下周末去济州岛。

李素拉：你没去过济州岛吗?

沙 织：是的，我没去过济州岛。

李素拉：你有什么旅游计划吗？

沙　织：我有朋友在济州岛，我想和他一起旅游，计划从济州市到西归浦。

李素拉：汉拿山很漂亮，一定要去看看。

沙　织：好的，我们计划到济州岛后，先去汉拿山。

7 出差

A4-28

2.

(1)가: 수미 씨는 그 영화 안 봐요?

　　나: 그 영화를 봤거든요.

(2)가: 시험을 잘 보지 못했어요?

　　나: 공부를 안 했거든요.

A4-30

(1)②　(2)①　(3)②　(4)②

나미: 캐빈 씨, 이번 휴가 때 고향에 올 거지요?

캐빈: 미안해요. 요즘 회사 일도 많고 다음 주에는 출장도 가야 해서 고향에는 못 갈 것 같아요. 정말 가고 싶었는데…….

나미: 그래요? 할 수 없지요. 그런데 감기는 좀 나았어요?

캐빈: 네. 지난 주말에 쉬고 나서 좋아진 것 같아요. 걱정하지 마세요. 나미 씨는 별 일 없지요?

나미: 네, 별 일 없어요. 그럼, 고향에는 언제쯤 올 수 있을 것 같아요?

캐빈: 연말에는 좀 한가해지니까 갈 수 있을 거예요. 나미 씨, 많이 보고 싶어요.

나미: 저도요. 그럼 출장 잘 다녀와요.

娜美：凯宾，这个假期你会回来吧？

凯宾：对不起，最近公司的事情很多，下周还要出差，可能回不去了，我真的很想回去……

娜美：是吗？那真是没办法呢。你感冒好点儿了吗？

凯宾：嗯，上周末休息后，感觉好多了，不用担心。娜美，你没有其他什么事了吗？

娜美：没什么事了，你什么时候能回来？

凯宾：年底闲下来时，应该就能回去了。娜美，我很想你。

娜美：我也是。祝你出差一切顺利。

8 结业典礼

A4-32

2.

(1)가: 요즘 이사하느라고 힘들었지요?

　　나: 네. 그래서 주말에 쉬어야겠어요.

(2)가: 다음 주에 시험을 볼 거예요.

　　나: 열심히 공부해야겠어요.

A4-34

(1)③　(2)④　(3)④　(4)③

이소라: 제임스 씨, 어제 수료식 끝나고 사오리 씨랑 홍대 앞에 갔지요?

제임스: 어, 소라 씨가 어떻게 알아요? 사오리 씨가 말했어요?

이소라: 아니요. 어제 친구랑 쇼핑하다가

봤어요.

제임스: 그럼, 왜 부르지 않았어요?

이소라: 에이, 제가 손을 흔들었는데 두 사람이 못 본 척했어요.

제임스: 우리가요?

이소라: 그래요.

제임스: 아니에요. 아마 이야기를 하다가 못 봤을 거예요.

이소라: 그랬어요?

李素拉: 詹姆斯, 昨天结业典礼后, 你和沙织去弘大了吧?

詹姆斯: 哦? 你怎么知道的? 是沙织说的吗?

李素拉: 不是, 我昨天和朋友购物时看到你们了。

詹姆斯: 为什么没叫我们呢?

李素拉: 哎呀, 我一直挥手, 但你们两个却装作没看见。

詹姆斯: 我们吗?

李素拉: 是啊。

詹姆斯: 可能是我们正聊着, 没看到吧。

李素拉: 是吗?

9 期间

A4-36

2.

(1) 가: 길이 많이 막혔어요?

　　나: 네. 너무 막혀서 약속에 늦을 뻔했어요.

(2) 가: 많이 놀라셨어요?

　　나: 네. 너무 놀라서 휴대전화를 떨어뜨릴 뻔했어요.

A4-38

(1) ②　(2) ②　(3) ④　(4) ③

왕호 씨는 지난 주 월요일에 사촌동생을 만나기 위해 베이징으로 갔습니다. 왕호 씨는 1년 만에 사촌동생을 만났습니다. 왕호 씨가 한국말을 공부하기 위해 한국에 온 후 만나지 못했습니다. 두 사람은 모두 형제가 없기 때문에 아주 친합니다. 그런데 공항에 사람이 많아서 왕호 씨는 사촌동생을 못 만날 뻔했습니다. 사촌동생을 만났을 때 왕호 씨는 놀랐습니다. 그동안 사촌동생의 키가 많이 컸기 때문입니다. 두 사람은 베이징에서 5일 동안 재미있게 지냈습니다.

王浩上周一去北京看表弟了。他和表弟一年没见面了, 自打王浩来韩国学习韩国语后, 两人就一直没见面。因为没有亲兄弟姐妹, 所以两人关系非常好。机场里人非常多, 王浩差点儿没见到表弟。见到表弟时, 王浩吓了一跳, 因为表弟长高了很多。两人在北京愉快地玩了五天。

10 比较

A4-40

2.

(1) 가: 신발값이 얼마예요?

　　나: 만 오천 원이에요.

(2) 가: 모두 얼마예요?

　　나: 맥주 2병 값만 주세요. 안주는 서비스예요.

(1) ③　(2) ④　(3) ③

(4) ① ○　② ○　③ ×　④ ○

왕리 씨는 회사에 취직하기 위해 면접 시험을 봅니다.

면접관: 자기 소개를 해 보세요.

왕　리: 안녕하십니까? 저는 중국에서 온 왕리라고 합니다. 저는 한국어를 배우기 위해 3년 전에 한국에 왔습니다.

면접관: 왜 한국어를 배우게 되었습니까?

왕　리: 한국의 회사에서 일하기 위해서 한국어를 배우게 되었습니다.

면접관: 왜 한국의 회사에서 일하고 싶습니까?

왕　리: 한국은 다른 나라에 비해서 중국과 가깝습니다. 그래서 앞으로 많은 교류가 있을 겁니다.

면접관: 마지막으로 하고 싶은 말을 해 보세요.

왕　리: 아직 한국말을 잘하지 못하지만 열심히 하겠습니다.

王理在参加入职面试。

面试官: 请自我介绍一下。

王　理: 您好，我叫王理，来自中国，三年前来韩国学习韩国语。

面试官: 为什么要学韩国语?

王　理: 为了能在韩国公司工作。

面试官: 为什么想在韩国公司工作?

王　理: 因为与其他国家相比，韩国离中国更近，未来会有很多交流机会。

面试官: 最后，您还有什么想说的?

王　理: 虽然我的韩国语还不太好，但我会努力的。

1 美发

단발（断发）【名】短发

모양（模样）【名】样子，模样

셋팅（setting）【名】卷发（烫发的一种）

커트（cut）【名】短发，理发

감다【他】洗（头）

기르다【他】养，蓄（头发）

다듬다【他】修整，修剪

드라이기（dry机）【名】吹风机

말리다【使】使……干，晾干

면도하다（面刀-）【自】刮脸

염색하다（染色-）【他】染色

자르다【他】剪断，折断

설명하다（说明-）【他】说明

역할（役割）【名】角色

추천하다（推荐-）【他】推荐

목욕탕（沐浴汤）【名】洗浴中心

찜질방（-房）【名】桑拿房，汗蒸房

무용（舞踊）【名】舞蹈

선수（选手）【名】选手

알맞다【形】合适，适合

틀리다【他】出错

젊다【形】年轻

2 国外生活

경기（竞技）【名】竞赛，比赛

편（便）【名/依】方面，算是

전시회（展示会）【名】展览

사진작가（写真作家）【名】摄影师

작가（作家）【名】作家

취직（就业）【名】就业，找工作

무역（贸易）【名】贸易

생년월일（生年月日）【名】出生年月日

이력서（履历书）【名】简历

자기소개서（自己绍介书）【名】自我介绍

요리（料理）【名】料理，烹饪

이유（理由）【名】理由，原因

가사（歌词）【名】歌词

뜻【名】意思，含义

등록금（登录金）【名】报名费，学费

걱정【名】担心，担忧

뉴욕（New York）【名】纽约

답장（答状）【名】回信

옛날【名】以前，从前

조심하다（操心-）【自/他】小心，留意

추천（推荐）【名】推荐

안내（案内）【名】介绍

앞글【名】前文

의논하다（议论-）【他】议论，商讨

표시하다（表示-）【他】表示，表明

3 询问

남대문（南大门）【名】南大门

장남（长男）【名】长子，大儿子

정확하다（正确-）【形】正确，精确

차녀（次女）【名】次女，二女儿

청첩장（请牒状）【名】请柬

초대（招待）【名】邀请

예식장（礼式场）【名】礼堂

분위기（氛围气）【名】气氛，氛围

삼계탕（参鸡汤）【名】参鸡汤

생선（生鲜）【名】鱼，鲜鱼

양（量）【名】量

오뎅（おでん）【名】鱼糕

찌개【名】炖菜，煲

캔커피（can coffee）【名】罐装咖啡

향（香）【名】香味

교통사고（交通事故）【名】交通事故

기사（技士）【名】司机

쏟다【他】倒，洒

4 计划

동물원（动物园）【名】动物园

롤러코스터（roller coaster）【名】过山车

바이킹（viking）【名】海盗船

서호（西湖）【名】西湖

세계마을（世界-）【名】世界公园

에펠탑（Eiffel塔）【名】埃菲尔铁塔

원숭이【名】猴子

조각상（雕刻像）【名】雕像

피사의 사탑（-斜塔）【名】比萨斜塔
회전목마（回转木马）【名】旋转木马

136页 A4-65
놀이동산【名】游乐场
문을 닫다 关门
특별히【副】特别地

137页 A4-66
다리미【名】熨斗
비누【名】肥皂
휴지（休纸）【名】手纸

139页 A4-67
바람이 불다 刮风
위험하다（危险-）【形】危险

140页 A4-68
생일잔치（生日-）【名】生日聚会

142页 A4-69
교환하다（交换-）【他】换货
샤워실（shower室）【名】浴室
세탁실（洗濯室）【名】洗衣房
환불하다（还拂-）【他】退货

5 解决问题
143页 A4-70
기분（气分）【名】心情

145页 A4-71
감기（感气）【名】感冒
목【名】嗓子，脖子
샤워（shower）【名】淋浴，洗澡
시원하다【形】凉爽，酣畅

146页 A4-72
면접（面接）【名】面试
발표（发表）【名】展示，演示
옮기다【他】搬运，转移

147页 A4-73
빗소리【名】雨声
청소기（清扫机）【名】吸尘器

149页 A4-74
놓치다【他】错过，放弃
죄송하다（罪悚-）【形】惶恐不安

6 假期计划
150页 A4-75
쇼핑몰（shopping mall）【名】购物中心

151页 A4-76
강남（江南）【名】江南
강원도（江原道）【名】江原道
롯데월드（LOTTE World）【名】乐天世界
신촌（新村）【名】新村
코엑스（COEX）【名】COEX大厦
클럽（club）【名】俱乐部，会所
태종대（太宗台）【名】太宗台

해운대（海云台）【名】海云台

153页 A4-77
목적（目的）【名】目的

154页 A4-78
남산（南山）【名】南山
남원（南原）【名】南原
사진을 찍다 照相
서귀포（西归浦）【名】西归浦市
지리산（智异山）【名】智异山
체코（Czech）【名】捷克
충무로（忠武路）【名】忠武路

155页 A4-79
기차표（汽车票）【名】火车票
성산포（城山浦）【名】城山浦

156页 A4-80
가스불（gas-）【名】燃气炉的火
땀【名】汗
슈퍼（supermarket）【名】超市
싸우다【自】打架，争斗

7 出差

158页 A4-81
출장（出张）【名】出差

159页 A4-82
말하기 대회（-大会）【名】演讲比赛
수료식（修了式）【名】结业典礼

학원（学院）【名】补习班，辅导班

161页 A4-83
판매（贩卖）【名】贩卖，销售

162页 A4-84
공사（工事）【名】施工
빌딩（building）【名】大厦，建筑物
차가 막히다 堵车

163页 A4-85
연말（年末）【名】年末
추석（秋夕）【名】中秋节

164页 A4-86
달라지다【他】变化，改变

8 结业典礼

168页 A4-87
간식（间食）【名】零食，加餐

170页 A4-88
넘어지다【自】摔倒，倒下
때리다【他】打，揍
맞다【他】挨打
진짜（真-）【副】真的
키스하다（kiss-）【自】接吻

171页 A4-89
홍대（弘大）【名】弘大（韩国弘益大学的
简称）

흔들다【他】挥动，摇动

172页 A4-90
감다【他】闭上，合上
양보하다（让步-）【他】让步，谦让
여고생（女高生）【名】女高中生
청년（青年）【名】青年，年轻人
행동（行动）【名】行动，行为
휴대폰（携带phone）【名】手机

9 期间

176页 A4-91
강남역（江南驿）【名】江南站
전자 상가（电子商街）【名】电子市场
출입구（出入口）【名】出入口
큰일나다【动】出大事，出麻烦

177页 A4-92
고등학교（高等学校）【名】高中
사촌 동생（四寸同生）【名】表弟（妹），
堂弟（妹）
친하다（亲-）【形】亲近，亲密

179页 A4-93
강좌（讲座）【名】讲座
등록신청서（登录申请书）【名】报名表
어학원（语学院）【名】语言补习班
출입국 관리소（出入国管理所）【名】出入
境管理局

10 比较

180页 A4-94
주민등록증（住民登录证）【名】身份证

181页 A4-95
정원（庭院）【名】庭院，院子
창문（窗门）【名】窗户
층수（层数）【名】层数

182页 A4-96
밝다【形】明亮，亮堂
서비스（service）【名】赠品
안주（按酒）【名】下酒菜

184页 A4-97
김【名】紫菜，海苔
볶음밥【名】炒饭
샌드위치（sandwich）【名】三明治
치즈（cheese）【名】奶酪，芝士
포장마차（包装马车）【名】小吃摊
햄（ham）【名】火腿

186页 A4-98
남편（男便）【名】丈夫
부인（夫人）【名】妻子
실수（失手）【名】失误
첫사랑【名】初恋
프러포즈（propose）【名】求婚

课文译文

1 美发

111页

雅美去做头发。

理发师：欢迎光临，请这边坐。

雅　美：我的头发太长了，想剪一下。

理发师：您想怎么剪呢？

雅　美：头发长了会热，剪短一些就可以。
刘海儿剪短，两边稍微修剪一下。
照这个照片剪吧。

理发师：好的，我明白了。

113页

民浩和珍妮很久没见了，偶然在路上遇到了。

民浩：珍妮，好久不见，近来怎么样？

珍妮：挺好的。你今天如果没什么安排，跟
我一起去看话剧吧？

民浩：哦，我今天打算去理发店呢。一直忙
着准备考试都没剪头发。

珍妮：看起来确实有点儿热。

2 国外生活

119页

恩英和迈克很久之后又见面了。

恩英：好久不见，你近来怎么样？

迈克：挺好的，一直忙着准备入职考试，也
没能联系你。

恩英：是吗？肯定很辛苦吧？考试结束后，
你打算干什么？

迈克：我想去大学路看摄影展。

恩英：是那个著名摄影师的作品展吗？

迈克：是啊，那个摄影师的作品真的很值得
一看。

恩英：你喜欢摄影吗？

迈克：算是比较喜欢吧。

122页

俊舒昨天借给雅美一本书，两个人在谈论那
本书。

俊舒：借给你的那本书看了吗？怎么样？

雅美：内容太难了，理解起来有点儿困难，
但是挺有意思的。

俊舒：是吗？要不要再借给你其他的呢？

雅美：好啊。另外，如果想送给外国朋友，
什么书比较好呢？

俊舒：我来给你推荐吧。

3 询问

128页

迈克正在看地图。

珍妮：迈克，那是什么？

迈克：是首尔地图。

珍妮：你在找什么？

迈克：我想看四物农乐，计划去世宗文化会
馆，你知道世宗文化会馆在哪里吗？

珍妮：知道，从学校坐公交大概需要30分钟。

迈克：是吗？你看过四物农乐吗？

珍妮：看过，两年前看过一次，特别好。

惠子在等敏智。

惠子：敏智，我们去吃午饭吧。

敏智：吃什么呢？

惠子：我们去吃成大餐厅的冷面吧，那里的
　　　冷面可好吃了。

敏智：天这么冷，参鸡汤怎么样？

惠子：好啊，那我们今天喝参鸡汤，下次再
　　　吃冷面吧。

4 计划

136页

周末，王浩和朋友们去了果川，果川有游乐
场、美术馆和动物园。

王　浩：我们怎么玩呢？

詹姆斯：咱们先去游乐场怎么样？

小百合：我想先去美术馆。

王　浩：为什么？

小百合：因为那里关门早，所以我想先去美
　　　　术馆。

詹姆斯：王浩，你觉得呢？

王　浩：我是第一次来，你们去哪儿我就去
　　　　哪儿。

小百合：你有没有特别想去的地方？

王　浩：我想去动物园看老虎。

139页

詹姆斯和沙织在聊关于旅游的事。

詹姆斯：沙织，明天放假，你打算干什么？

沙　织：我会和朋友去雪岳山。

詹姆斯：明天天气好像不太好，你还要去吗？

沙　织：我只有明天有时间，所以天气不好也
　　　　得去。

詹姆斯：如果天气不好就别去了，挺危险的。

5 解决问题

145页

最近天气很热，詹姆斯在和王浩聊天。

詹姆斯：王浩，（最近）气温升高了好多啊。

王　浩：是啊，热多了。

詹姆斯：天气这么热，学习起来很辛苦吧？

王　浩：是的，这里比我家热多了，所以有
　　　　些吃不消。

詹姆斯：热得没法学习时，你会怎么办呢？

王　浩：我会先洗个澡，然后吃西瓜，那样
　　　　就会凉快很多。

146页

詹姆斯遇见了沙织，沙织看起来很累。

詹姆斯：沙织，你看起来精神不太好，怎么
　　　　了？

沙　织：昨天准备搬家，所以没睡好觉。

詹姆斯：搬家的行李都收拾好了吗？

沙　织：是的，都收拾好了。

詹姆斯：你自己能搞定吗？

沙　织：大件行李比较多，所以我也很担心。

詹姆斯：我和王浩来帮你吧，别担心。

6 假期计划

152页

下周就放假了，由美子和安吉拉一起讨论假
期计划。

安吉拉：由美子，下周就放假了，你有什么
　　　　计划吗？

由美子：有啊，我想和朋友们去旅游。

安吉拉：去哪儿？

由美子：釜山，你去过吗？

安吉拉：我去年去过一次，非常好。

由美子：釜山有什么值得去的地方吗？

安吉拉：海云台和太宗台很值得去看看。

154页

假期结束后，詹姆斯遇见了沙织。

沙　织：詹姆斯，假期怎么样？有什么有趣
　　　　的事吗？

詹姆斯：我和振洙去旅游了。

沙　织：你们去哪里了？

詹姆斯：去了南原，先坐大巴去了智异山，
　　　　然后从智异山去了南原。

沙　织：你们在南原玩什么了？

詹姆斯：到南原后，我们就一边拍照，一边
　　　　玩儿。

沙　织：下次给我看看照片吧。

7 出差

160页

安吉拉给江民打了电话。

安吉拉：江民，你现在在哪儿？

江　民：我在公司呢。

安吉拉：今天是休息日，你为什么去公司呢？

江　民：因为突然要去东京出差，所以过来
　　　　做准备。

安吉拉：本来想和你一起滑冰的，看来不

行了。

江　民：是啊，今天不行了，下次吧。

安吉拉：好的，下次再说。

162页

布兰德和江民约好见面，布兰德觉得自己可
能要迟到，所以打了电话。

布兰德：您现在在哪里？已经到了吗？

江　民：我还在路上，因为不认识路，所以
　　　　大概会晚10分钟，不好意思啊。

布兰德：没关系，我这边也堵车，可能会晚
　　　　点儿到。外面雨下得很大，您不要
　　　　在外面等我，到大厦里面吧。

江　民：好的，找不到时我再给您打电话。

布兰德：一会儿见。

8 结业典礼

168页

一周后就是结业典礼了，同学们计划在典礼
当天表演话剧。

沙　织：詹姆斯，你的话剧都练好了吗？

詹姆斯：没有，还没练完，你呢？

沙　织：我晚上和王浩一起练，也许要练到
　　　　10点呢。

詹姆斯：肯定很辛苦，我从今天开始也要和
　　　　同学们一起排练了。

沙　织：排练时如果饿了就给我打电话吧，
　　　　咱们一起吃东西。

170页

王浩在结业典礼上表演了话剧，演出结束后

遇到了素拉。

素拉：哇，王浩，你演得真棒！

王浩：是吗？谢谢。

素拉：肯定练了很久吧？

王浩：是啊，连续一周，每天都练到深夜。

素拉：对了，刚才表演时，你是真哭了吗？

王浩：没有，我是假装哭的。

素拉：简直跟真的一模一样。

9 期间

175页

沙织和李素拉一边骑车，一边聊天。

沙　织：素拉，自行车骑得不错啊，你会骑车多久了？

李素拉：大概有十年了吧。

沙　织：所以才骑得这么好啊。

李素拉：哪儿啊，我很久没骑了，都快不会了。

沙　织：多久没骑了？

李素拉：三年了，所以刚才都差点儿摔倒了。

沙　织：是吗？小心点儿。

176页

詹姆斯去龙山电子市场买相机。

李江民：詹姆斯，你去哪儿了？

詹姆斯：我去龙山买相机了。

李江民：买到了吗？

詹姆斯：买是买了，但是差点儿遇到大麻烦。

李江民：怎么了？出什么事了？

詹姆斯：我差点儿迷路了，花了一个小时才找到电子市场。

李江民：龙山那边人多，道路也复杂，很容易迷路的。

10 比较

182页

王浩和沙织在讨论（沙织的）新家。

王浩：沙织，你的新家怎么样？

沙织：新房子比以前的大、敞亮，还有单独的卫生间，挺好的。

王浩：房价肯定很贵吧？

沙织：不贵，和以前一样。

王浩：房子又大又好，价钱还和以前一样？

沙织：也有不方便的地方，房子太大了，打扫起来有些费劲儿。

184页

由美子和沙织在通话。

沙　织：你到家了吗？

由美子：到了，可是家里一点儿吃的也没有。

沙　织：那就出去吃吧。

由美子：昨天就是在外面吃的，今天不想了。

沙　织：那在家做饭怎么样？

由美子：我想吃炒年糕，得去买点儿年糕回来做。

沙　织：如果你来做，肯定比外边卖的好吃。

本册单词索引

면접（面接）【名】面试{P146}

면허증（免许证）【名】许可证{P67}

명나라（明-）【名】明朝，明代{P68}

명절（名节）【名】节日{P7}

모델（model）【名】模特{P45}

모양（模样）【名】样子，模样{P109}

목【名】嗓子，脖子{P145}

목걸이【名】项链{P26}

목욕탕（沐浴汤）【名】洗浴中心{P113}

목적（目的）【名】目的{P153}

무게【名】重量{P83}

무료（无料）【名】免费{P34}

무역（贸易）【名】贸易{P120}

무용（舞踊）【名】舞蹈{P114}

문을 닫다 关门{P136}

문화 상품권（文化商品券）【名】文化产品
消费券{P42}

뮤지컬（musical）【名】音乐剧{P43}

바람이 불다 刮风{P139}

바르다【他】涂，擦{P62}

바이킹（viking）【名】海盗船{P135}

반납하다（返纳-）【他】返还，归还{P66}

반지（半指）【名】戒指{P27}

반코트（半coat）【名】短外套{P30}

발급하다（发给-）【他】发给{P74}

발표（发表）【名】展示，演示{P146}

발행（发行）【名】发行，发给{P79}

밝다【形】明亮，亮堂{P182}

방문하다（访问-）【他】访问{P21}

배【名】船{P81}

배낭（背囊）【名】背包{P30}

밴드（band）【名】创可贴{P62}

번역하다（翻译-）【他】翻译{P76}

보내다【他】度过{P11}

볶음밥【名】炒饭{P184}

부러지다【自】折断{P64}

부인（夫人）【名】妻子{P186}

부치다【他】邮寄{P81}

분석하다（分析-）【他】分析{P51}

분실신고（纷失申告）【名】报失，挂失{P77}

분위기（氛围气）【名】气氛，氛围{P131}

불면증（不眠症）【名】失眠{P60}

붓다【自】肿{P58}

블루투스 스피커（blue tooth speaker）
【名】蓝牙音箱{P23}

비교하다（比较-）【他】比较{P52}

비누【名】肥皂{P137}

비밀번호（秘密番号）【名】密码{P74}

비행기（飞行机）【名】飞机{P8}

빌딩（building）【名】大厦，建筑物{P162}

빗소리【名】雨声{P147}

사귀다【他】交往，交（朋友）{P11}

사용하다（使用-）【他】使用{P35}

사인（sign）【名】签字{P74}

사진（写真）【名】照片{P24}

사진을 찍다 照相{P154}

사진작가（写真作家）【名】摄影师{P119}

사촌 동생（四寸同生）【名】表弟（妹），
堂弟（妹）{P177}

사촌（四寸）【名】表亲或堂亲{P11}

산부인과（产妇人科）【名】妇产科{P60}

삼계탕（参鸡汤）【名】参鸡汤{P131}

상을 받다 获奖{P44}

새해 복 많이 받으세요 新年快乐{P8}

샌드위치（sandwich）【名】三明治{P184}

샐러드（salad）【名】沙拉{P35}

심심하다【形】无聊，没意思{P69}

심하다（甚-）【形】严重，厉害{P59}

싸우다【自】打架，争斗{P156}

쏟다【他】倒，洒{P133}

아까【副】刚才{P44}

아름답다【形】美丽，漂亮{P22}

아주머니【名】大婶{P20}

아프다【形】疼；不舒服{P41}

안과（眼科）【名】眼科{P60}

안내（案内）【名】介绍{P125}

안전벨트（安全belt）【名】安全带{P18}

안주（按酒）【名】下酒菜{P182}

알려 주다 告诉{P75}

알맞다【形】合适，适合{P114}

앞글【名】前文{P125}

애니메이션（animation）【名】动画片{P48}

액션（action）【名】动作{P47}

액자（额子）【名】相框{P82}

앵글부츠（ankle boots）【名】短靴{P30}

양（量）【名】量{P131}

양보하다（让步-）【他】让步，谦让{P172}

어린이날【名】儿童节（韩国儿童节为5月5日）{P29}

어버이날【名】父母节{P26}

어울리다【自】般配，和谐，协调{P27}

어학원（语学院）【名】语言补习班{P179}

에스컬레이터（escalator）【名】自动扶梯{P54}

에펠탑（Eiffel塔）【名】埃菲尔铁塔{P135}

여고생（女高生）【名】女高中生{P172}

여름【名】夏天{P48}

여행하다（旅行-）【他】旅行{P63}

역사（历史）【名】历史{P69}

역할（役割）【名】角色{P112}

연고（软膏）【名】软膏{P62}

연기（演技）【名】演技{P46}

연락처（联络处）【名】联系方式{P66}

연말（年末）【名】年末{P163}

연인（恋人）【名】恋人{P43}

연장（延长）【名】延长{P67}

연주회（演奏会）【名】演奏会{P43}

연체료（延滞料）【名】滞纳金{P68}

열심히（热心-）【副】努力地，认真地{P36}

열이 나다 发烧，发热{P58}

염색（染色）【名】染色{P35}

염색하다（染色-）【他】染色{P110}

엽서（叶书）【名】明信片{P26}

영수증（领收证）【名】发票{P67}

영화제（映画节）【名】电影节{P43}

예매하다（预买-）【他】预购{P8}

예식장（礼式场）【名】礼堂{P130}

옛날【名】以前，从前{P124}

오뎅（おでん）【名】鱼糕{P131}

오페라（opera）【名】歌剧{P43}

옮기다【他】搬运，转移{P146}

와이셔츠（white shirt）【名】衬衫，衬衣{P27}

왕비복（王妃服）【名】王妃服（朝鲜王朝王妃日常服装）{P68}

외국인등록증（外国人登录证）【名】外国人身份证{P67}

요구（要求）【名】要求{P79}

요금（料金）【名】费用{P78}

요리（料理）【名】料理，烹饪{P121}

우편（邮便）【名】邮政，邮递{P84}

운전면허（运转免许）【名】驾照{P41}

줄을 서다 站队，排队 {P15}

중요하다（重要-）【形】重要 {P80}

증상（症状）【名】症状 {P64}

지급하다（支给-）【他】支付，付给 {P79}

지난달【名】上个月 {P22}

지도（地图）【名】地图 {P22}

지리산（智异山）【名】智异山 {P154}

진동（振动）【名】振动 {P18}

진료（诊疗）【名】诊治 {P62}

진짜（真-）【副】真的 {P170}

찌개【名】炖菜，煲 {P131}

찜질방（-房）【名】桑拿房，汗蒸房 {P113}

차가 막히다 堵车 {P162}

차녀（次女）【名】次女，二女儿 {P129}

창문（窗门）【名】窗户 {P181}

처방전（处方笺）【名】处方 {P61}

천사（天使）【名】天使 {P45}

천재（天才）【名】天才 {P45}

천천히【副】慢慢地 {P75}

첫사랑【名】初恋 {P186}

청년（青年）【名】青年，年轻人 {P172}

청소기（清扫机）【名】吸尘器 {P147}

청첩장（请牒状）【名】请柬 {P129}

체코（Czech）【名】捷克 {P154}

초대（招待）【名】邀请 {P129}

초대석（招待席）【名】嘉宾席 {P43}

초콜릿（巧克力）【名】巧克力 {P28}

추석（秋夕）【名】中秋节 {P163}

추억（追忆）【名】回忆 {P48}

추천（推荐）【名】推荐 {P124}

추천하다（推荐-）【他】推荐 {P112}

출발하다（出发-）【自】出发 {P9}

출입구（出入口）【名】出入口 {P176}

출입국 관리소（出入国管理所）【名】出入境管理局 {P179}

출장（出张）【名】出差 {P158}

충무로（忠武路）【名】忠武路 {P154}

충혈되다（充血-）【自】充血 {P58}

취급자（取给者）【名】办理人，经手人 {P79}

취직（就业）【名】就业，找工作 {P119}

층수（层数）【名】层数 {P181}

치과（齿科）【名】牙科 {P59}

치다【他】打，敲，弹 {P38}

치즈（cheese）【名】奶酪，芝士 {P184}

친하다（亲-）【形】亲近，亲密 {P177}

칼【名】刀 {P16}

캔커피（can coffee）【名】罐装咖啡 {P131}

커트（cut）【名】短发，理发 {P109}

커플（couple）【名】情侣 {P43}

코미디（comedy）【名】喜剧 {P47}

코엑스（COEX）【名】COEX大厦 {P151}

콘서트장（concert场）【名】音乐厅 {P19}

콧물【名】鼻涕 {P64}

쿠폰（coupon）【名】优惠券 {P34}

퀵서비스（quick service）【名】同城快递 {P84}

큰일나다【动】出大事，出麻烦 {P176}

클럽（club）【名】俱乐部，会所 {P151}

키가 크다 个子高 {P45}

키스하다（kiss-）【自】接吻 {P170}

태권도（跆拳道）【名】跆拳道 {P14}

태종대（太宗台）【名】太宗台 {P151}

택배（宅配）【名】快递 {P84}

통장（通账）【名】存折 {P73}

통화하다（通话-）【自】通话 {P18}

퇴근하다（退勤-）【自】下班 {P70}